Política/sexualidad

Nudo en la escritura de mujeres latinoamericanas

Liliana Trevizan

University Press of America, Inc.
Lanham • New York • Oxford

Copyright © 1997 by
University Press of America,® Inc.
4720 Boston Way
Lanham, Maryland 20706

12 Hid's Copse Rd.
Cummor Hill, Oxford OX2 9JJ

Library of Congress Cataloging-in-Publication Data

Trevizán, Liliana.
Política/sexualidad : nudo en la escritura de mujeres latinoamericanas /
Liliana Trevizan.
p.   cm.
Includes bibliographical references and index.
1. Spanish American fiction--Women authors--History and criticism.
2. Spanish American fiction--20th century--History and criticism. 3.
Women in literature. 4. Politics in literature. 5. Sex role in literature.
6. Sex role--Political aspects--Latin America. 7. Politics and
literature--Latin America. 8. Feminism and literature--Latin America.
I. Title.
PQ7082.N7T69 1997   863--dc21   96-49237 CIP

ISBN 0-7618-0664-4 (cloth: alk. ppr)

A Verena Rispoli y Juan Trevizán

Contenido

v

Prólogo y agradecimientos

Quisiera expresar mi más profunda gratitud a Barbara Dale May, a quien no sólo debo la lectura cuidadosa y la crítica de mi tesis doctoral en la que se originó este libro, sino que el decidido apoyo que prestó siempre a mi trabajo intelectual. A Linda Kintz, Gina Psaki y especialmente a Juan Armando Epple, les agradezco sus valiosos comentarios y la sugerencia de publicar. A Gabriela Mora le deberé siempre la inspiración, por legitimar el trabajo en teoría feminista latinoamericana en la academia norteamericana.

Agradezco a la State University of New York, en Potsdam, por otorgarme una beca para Faculty Research and Creative Endeavors y a la Oficina del Decano por concederme tiempo libre para completar el manuscrito. Quisiera también reconocer la importancia que tuvo para mí un seminario de verano de la National Endowment for the Humanities en 1993. En ese seminario, la tremenda claridad de Catherine Stimpson me ayudó a incorporar nuevas dimensiones a mi trabajo, agregando en particular la noción de multiculturalismo que informa el último capítulo de este libro.

Evidentemente este libro es producto de mi trabajo en los Estados Unidos y del proceso que mi pensamiento ha desarrollado en los últimos años. Por eso quiero agradecer a mis estudiantes y a mis colegas de la State University of New York en Potsdam, por las innumerables conversaciones que hemos sostenido durante los últimos años, especialmente a Laura Skandera-Trombley, a Céline Philibert, Laila Farah Mohtar, Margarita Alario y Anne Sisson Runyan del Programa de Estudios de la Mujer, cuyo apoyo me facilita la ardua tarea de escribir. Lo que me permite ahora reflexionar sobre la escritura de mujeres en América Latina, sin duda, es mi activa participación en la lucha por la democracia en Chile hasta fines de los ochenta y especialmente mi militancia en el movimiento de mujeres. Años duros en los que nos dolimos la pena, la privación, los más grandes horrores y la desesperanza. Pero años en los que también nos vivimos la alegría, la solidaridad, la desobedencia y el feminismo. La manera de mirar que me dieron esos años está en este libro y se la debo a las mujeres chilenas con las que trabajé hasta 1987. A mis compañeras y amigas de esos años les debo la mirada, los ojos y algunas de mis más queridas obsesiones. No puedo nombrar a las miles que un día llenaron el Caupolicán, pero sí a las que trabajamos juntas por años haciendo movimiento, a las que me enseñaron el feminismo, a Mariluz Silva, a Adriana Polli Sepúlveda, a Mercedes Jerez, a Ana María Albornoz. También quiero nombrar a mis colegas profesores de esos años, sobre todo a los que crearon el LIM y formularon preguntas cada vez más complejas sobre la relación entre la política, el movimiento y la educación. A Rodrigo González le debo el tesón, el trabajo duro y la visión de futuro. De Enrique Calquín y Jaime Muñoz aprendí la perseverancia y el respeto en las más difíciles conversaciones.

Quizás antes - o junto con - el movimiento de mujeres, mi generación hizo movimiento estudiantil, y quiero que vaya mi abrazo a aquellos con quienes soñé el futuro, especialmente a Ricardo Brodsky, Carmen Sotomayor, Flavia Fiabani y Pato Daza. Evidentemente el movimiento habría sido muy diferente sin los profesores de literatura de la Universidad de Chile, que leyeron con nosotros cuando estaba prohibido leerlo casi todo, desde Neruda hasta García Márquez y Cortázar. A Lucía Invernizzi, que nos regaló la pasión y el existencialismo y que se atrevió a dictar un seminario sobre Carpentier cuando la palabra Cuba era delito. A Nelly Donoso, que nos dió la locura del teatro y de la irreverencia, que nos protegía de la maldad desatada y que literalmente nos cuidaba la vida. A Luis Vaisman que nos dió el rigor intelectual y que se quedó en Chile para darnos Aristóteles como quien da el pan.

De todos los que me han enseñado mucho, vaya sin decirlo que mi familia me ha dado siempre el aliento, el amor, la seguridad de que saldremos adelante. En el primer libro que publico, no puedo dejar de nombrar a mi padre, Juan Trevizán, que a los trece años me dejaba *Crimen y castigo* sobre el velador y me pedía opiniones a la mañana siguiente, y que cuando yo tenía catorce años me trajo de un viaje a

Santiago una bolsa llena de libros: *Cien años de soledad, La ciudad y los perros, Conversación en la catedral* y unos cuantos otros. Como se trata de un libro feminista, tampoco puedo dejar de nombrar a mi madre, Verena Rispoli, que me enseñó la vida como un gesto de independencia y de rebeldía, y que cuando entré a la adolescencia, se cuidó de decirme que para no tener arrugas hay que reirse desde adentro y no fingir la risa. A ellos, cuyas enseñanzas fueron siempre sustantivas, así como a mi hermano Juan y a mi hermana Claudia, cuyo amor es inconmesurable, les debo la incondicionalidad y la suerte de tener a quien llamar siempre, donde sea que me encuentre.

No puedo dimensionar la medida en que este libro es fruto de las preciosas conversaciones en las que Oscar Sarmiento y yo nos enredamos en los últimos veinte años. A él le agradezco su amor a la palabra y el regalo de que siempre leemos diferente. A Salvador Sarmiento este libro le debe no sólo la paciencia de aceptar que me perdiera algunas de sus mejores jugadas de béisbol, sino que me enseñara a mirar de nuevo, y muchas veces desde otro lado. Porque no creo que pudiera escribir sin ellos, a Oscar y a Salvador les agradezco lo hermosa que me hacen la vida.

Introducción

Se puede afirmar que a partir de la década de los ochenta la escritura de mujeres en América Latina ha empezado a ocupar un espacio significativo en la esfera pública. Cada día son más las publicaciones de libros escritos por mujeres, en todos los géneros y en todos los países. Junto con ello, se puede hoy citar la incorporación al canon de un creciente número de autoras anteriormente excluídas y el hecho de que en el campo de la crítica literaria el avance ha sido también visible.

A pesar de la diversidad de los textos de las diferentes escritoras, quisiéramos insistir en el trazado de determinadas marcas que deja su escritura. Pensamos que durante los años ochenta la marca más reiterada en los textos de mujeres es el nudo en el que se intercepta la sexualidad con la política. La escritura de mujeres, por una parte, se esfuerza en la lectura política del discurso que se refiere a la sexualidad, a la vez que muestra, por otra, cómo el espacio político transgrede lo privado y se imprime sobre la sexualidad de las mujeres. A nivel de la representación, el cuerpo de la mujer es el espacio en que se vive la experiencia gozosa del placer y también el dolor de la represión más abusiva. La violación de la privacidad de la mujer es la penetración violenta del espacio público en el cuerpo femenino. El ejercicio libertario de gobernar su propio cuerpo es la invasión de lo privado en la política. Algunas de las metáforas más provocativas en las que este nudo política/sexualidad se aprecia son la violación como forma de tortura política y la mujer expuesta como cuerpo gozoso a la prohibición. Se desmantela así, el sistema de oposiciones binarias que opera en la separación de lo público y lo privado. Durante los años ochenta, los textos de la mujer tejen su rebeldía de género y ejercitan una forma diferente de actuación en el espacio público.

La escritura de mujeres produce una textualidad compleja y enriquecida por la diversidad, en la cual los límites se desdibujan y el texto del deseo es capaz de expandir el imaginario hacia zonas insospechadas. Se trata de textos que son un canto a la sobrevivencia del pueblo latinoamericano, asolado por el dolor de la década recién pasada, en la cual la vida misma estaba cotidianamente amenazada.

Defender la vida Así lo dice Bella, la protagonista de "Cuarta versión," de Luisa Velenzuela:
- Mi papel es estar viva- [1]
Además de un acto de sobrevivencia, la escritura es un gesto de rebeldía para la mujer y en los años ochenta es también un ejercicio imaginativo que busca intervenir en el diseño de la democracia hacia la que se transita. Los textos de mujeres se vuelven así, espacios desafiantes en los cuales se articula la diferencia mujer en el discurso democrático que se construye en el continente. De algún modo, la escritura ha logrado exorcizar el silencio. Como dice Cixous:

> It is in writing, from woman and toward woman, and in accepting the challenging of a discourse controlled by the phallus, that woman will affirm woman somewhere other than in silence, the place reserved for her in and through the Symbolic. [...] a feminine practice of writing [...] will always exceed the discourse governing the phallocentric system; it takes place and will always take place somewhere other than in the territories subordinated to philosophical-theoretical domination.[2]

También en la misma década, el movimiento de mujeres se afianzó y cimentó considerablemente en la región. Los años ochenta representan el momento en el cual los países de América del Sur que vivían bajo dictadura - que fueron la mayoría, aunque no todos -pasan gradualmente de los regímenes autoritarios a un período de transición a la democracia. En ese contexto las organizaciones de mujeres y el feminismo se desarrollaron muy fuertemente, constituyéndose en uno de los movimientos sociales que jugó un rol importante para lograr la transición democrática. Señala Jane Jaquette que:

> Transitions from authoritarian to democratic politics in South America during the 1980s [...] cannot be properly understood without considering the role - important in all cases, central in some- played by women and by feminists.

No se puede generalizar y decir que el nivel logrado por los movimientos de mujeres es igual en todos los países de la región, ya que debemos considerar que existen enormes diferencias entre algunos países. Nos parece legítimo, sin embargo, para el propósito de nuestro trabajo, referirnos al movimiento de mujeres en Latinoamérica como una globalidad. Nuestro objetivo es tener siempre presente que nos estamos refiriendo a un fenómeno social complejo, que ni tuvo un desarrollo único y sostenido durante la década ni comprometió a todos los países latinoamericanos en la misma magnitud. Por otro lado, una gradualmente de los regímenes autoritarios a un período de transición a la democracia. En ese contexto las organizaciones de mujeres y el feminismo se desarrollaron muy fuertemente, constituyéndose en uno de los movimientos sociales que jugó un rol importante para lograr la transición democrática. Señala Jane Jaquette que:

> Transitions from authoritarian to democratic politics in South America during the 1980s [...] cannot be properly understood without considering the role - important in all cases, central in some- played by women and by feminists.

No se puede generalizar y decir que el nivel logrado por los movimientos de mujeres es igual en todos los países de la región, ya que debemos considerar que existen enormes diferencias entre algunos países. Nos parece legítimo, sin embargo, para el propósito de nuestro trabajo, referirnos al movimiento de mujeres en Latinoamérica como una globalidad. Nuestro objetivo es tener siempre presente que nos estamos refiriendo a un fenómeno social complejo, que ni tuvo un desarrollo único y sostenido durante la década ni comprometió a todos los países latinoamericanos en la misma magnitud. Por otro lado, una de las cuestiones que anima el presente trabajo crítico es la noción de que durante la década del ochenta se puede hablar del fenómeno mujeres a través de todo el continente, toda vez que además diversas instancias del movimiento mantienen una fuerte comunicación y existe la certeza de un crecimiento coordinado entre los diversos países, especialmente entre los grupos feministas. Con mayor o menor masividad, dependiendo del período y del país, el movimiento de mujeres está presente en las luchas nacionales por la democratización y también lo está el feminismo. La impronta de las mujeres en la sociedad civil latinoamericana tiene que ver con la dinámica de un movimiento social, más que con la de las organizaciones específicas que participan en él.

Nuestro trabajo crítico pretende articular el eje del movimiento de mujeres con el de la escritura de mujeres. Nos interesa buscar la inscripción del movimiento en la escritura y ver hasta qué punto los textos de los ochenta dan cuenta del cambio en el discurso de las mujeres. Contradictoriamente, este discurso se fortaleció y adquirió autonomía precisamente bajo los regímenes militares y durante la transición democrática de los ochenta. Lo dice Julieta Kirkwood:

> Aunque parezca paradójico, y a partir de la experiencia sufrida bajo el sistema autoritario dictatorial, hoy se ha hecho más evidente [...] que el autoritarismo es más que un problema económico y algo más que un

problema político, que tiene raíces y cauces profundos en toda la estructura social y que hay que cuestionar y rechazar muchos elementos y contenidos antes no considerados "políticos" por ser atribuídos a la vida cotidiana privada.[3]

Debido a que nuestra preocupación principal es la de poner en contacto los trazos del movimiento de mujeres con los trazos escriturales, una cuestión central para nosotros será la de inscribir el trazo de nuestra crítica como variante de la escritura de mujeres. En ese sentido nuestro texto busca desmantelar los amarres que no permiten leer el texto específico de la mujer. Uno de los lazos básicos que queremos destejer es el que lee la literatura latinoamericana de las últimas décadas especialmente desde su consideración de texto político y de protesta social. No queremos decir que nos interese borrar ese tema, porque es básico para entender la escritura de mujeres, sino que se puede desmantelar el borrón hecho sobre las cuestiones de género que plantea el texto de la mujer latinoamericana de los ochenta. En ese sentido, nuestro trabajo intenta ser un ejercicio de desconstrucción, ya que no se somete a la lógica tradicional de mostrar una u otra de las aristas en que se teje la escritura de mujeres. No se trata tampoco de leer ambas opciones, sino de provocar una lectura que entrecruce ambas y que todavía deje en el texto pliegues que se puedan abrir a la interpretación. Nuestro desafío lo señala Barbara Johnson:

> Instead of a simple "either/or" structure, deconstruction attemps to elaborate a discourse that says neither "either/or", nor "both/and" nor even "neither/nor", while at the same time not totally abandoning these logics either. The very word deconstruction is meant to undermine the either/or logic of the opposition "construction/destruction." Deconstruction is both, it is neither and it reveals the way in which both construction and destruction are themselves not what they appear to be.
> Deconstruction both opposes and redefines; it both reverses an opposition and reworks the terms of that opposition so that what was formerly understood by them is no longer tenable.[4]

Nuestra crítica tiene interés en plantearse también como una contribución en el espacio de teoría feminista latinoamericana, de modo que nuestra preocupación es doble. Por un lado, nos interesa realizar un trabajo textual y desde allí hacer operar una crítica feminista de los textos y, por otro lado, nos interesa interrogar teóricamente los espacios del discurso latinoamericano y ver de qué modo se inserta allí la escritura de las mujeres. Al hacerlo, consideramos crucial la advertencia de Sonia Montecino:

> Las intelectuales latinoamericanas realizamos el gesto de la imitación de un logos que no pertenece a nuestra historia, que también colonizadas nos vemos obligadas a repetir y a ser penetradas por la transnacional del conocimiento.[5]

A pesar de lo cual, nos sentimos parte de un proceso en el cual las mujeres latinoamericanas están desarrollando su escritura dentro de un intento discursivo mayor, en el que se plasma la diferencia constitutiva de la identidad latinoamericana. Se trata de buscar los pliegues que, como dice Montecino:

> permitan leer nuestra identidad desde el marco de las diferencias, de la particularidad, más que desde la universalidad. [Porque] se trata de un intento por especificar, por nombrar y producir en el discurso de la mujer latinoamericana una silueta. (Montecinos, 24)

La escritura de la mujer se produce ya inserta en la diferencia que es Latinoamérica, como parte de una experiencia marcada y estigmatizada en las márgenes del Tercer Mundo. La escritura de la mujer es el dolor de esa diferencia y también el desafío de su diversidad gozosamente expuesta al mundo. La textualidad femenina logra escribir(se) en el continente porque se instala en la incómoda arista de la diferencia. El respeto por la diferencia del otro tiene muchas facetas en la escritura de mujeres, facetas que van desde la expresión de su propia otredad, hasta la celebración de otras formas de diferencia.

Los años ochenta son años tremendamente conflictivos y contradictorios en América del Sur. Conflictivos porque se centran en la organización de los movimientos opositores y la movilización popular en contra de los regímenes de facto. Contradictorios porque, aún cuando se vive el horror de la represión y las injusticias, los movimientos sociales y la oposición en su conjunto comienzan a fortalecerse y a lograr la unidad nacional que traerá los cambios. Para las mujeres en particular son estos años muy contradictorios, las mujeres están masivamente movilizadas y organizadas en contra de los regímenes autoritarios y, en esa medida, se exponen a la represión directa como nunca antes. Por otro lado, el avance en las organizaciones de mujeres choca con las frustraciones que provoca en las mujeres la resistencia de los hombres a la participación de las mujeres en el plano político, sobre todo ahora, que esta participación ha asumido un carácter feminista. Los grupos de mujeres son en los ochenta un espacio de libertad desde el cual la mujer participa de la lucha contra la dictadura y en el cual al mismo tiempo vive un proceso de crecimiento y toma de conciencia de su condición de mujer. Nuestro punto de referencia en este sentido son los movimientos de mujeres de Chile, Argentina, Uruguay, Perú y Brasil, que son los que llevan el liderazgo en la conformación del movimiento a nivel continental durante los años ochenta. Son estos países los que, a pesar de las grandes diferencias regionales, viven procesos similares de salida democrática, aunque unos más temprano que otros.

Pensamos nuestro trabajo crítico como un ejercicio crítico que interroga la diferencia latinoamericana desde la perspectiva de la mujer. Entendemos la escritura de mujeres operando en el imaginario social latinoamericano, no solamente sobre el movimiento de mujeres o sobre las mujeres en particular. En ese sentido, proponemos una lectura en la cual estos textos sean enfrentados con su propio silencio, a fin de rescatar el texto del deseo que todavía no se deja leer en la superficie.

La tesis del presente trabajo es que la política y la sexualidad conforman el nudo más poderoso desde el cual se articula la escritura de la mujer latinoamericana durante los años ochenta. A partir de la lectura de ese nudo es posible comprender la inscripción de estos textos en el discurso democrático. La textualidad de mujeres intercepta el nuevo discurso democrático con una escritura compleja y diferente. Los textos que estudiamos hacen presente el conflicto de la mujer de los ochenta, cuya entrada al espacio público se debate entre el espacio de la especificidad de la mujer y el de la política global. La escritura que surge no ha eliminado ninguna de las opciones. Con acentos diversos, se instala en el imaginario para estar en las luchas por recuperar la democracia, pero estar "desde" mujer e incluir su particularidad. Lo dice Adriana Muñoz:

> La viabilidad de nuestra propuesta [política] está en estrecha relación con la posibilidad que profundos cambios ocurran a nivel de las relaciones diarias, las conciencias y las individualidades. Cambios que vayan gestando en el hoy, en el ahora, relaciones más justas y humanas, embrionarias y posibilitadoras de profundas transformaciones sociales, que van más allá de la transformación del Estado y las relaciones de producción, hacia transformaciones más cualitativas, inscritas en dimensiones de lo cultural.[6]

La diferencia del texto de la mujer radica tanto en el hecho de que significa un sujeto nuevo en la esfera pública, como en la circunstancia de que la escritura es diferente en sí misma. Esta escritura es diferente también por dos motivos, porque escribe sobre la diversidad, de género, de clase, de raza, de orientación sexual, étnica y también porque el proceso de escritura es abierto, fragmentado, plural. La escritura de la mujer pone temas nuevos en el imaginario social y al mismo tiempo pone una forma de discurso que se inserta como práctica escritural democrática.

Nuestro trabajo crítico considera como fuentes tanto los cuentos mismos, como los trabajos teóricos de feministas latinoamericanas, así como los ensayos de crítica y filosofía. La propia historia de América del Sur en los años ochenta es un texto en el cual hemos leído la diferencia que nuestra crítica articula. En ese sentido, tratamos de ser fiel a la noción de texto derridiano, según lo explica Cristina de Peretti:

> El texto no es sencillamente el texto escrito (en sentido tradicional), sino que abarca una "realidad" mucho más compleja y amplia. [...] El texto derridiano se caracteriza por la textura y por la intertextualidad, que no es sino el sistema de todas las diferencias...El texto es tejido, entramado, red nodal de significaciones que remite a y se entrecruza con otros textos de forma ininterrumpida e infinita. [7]

El presente libro está organizado en cuatro capítulos básicos. El primer capítulo intenta dar un marco teórico que nos permite leer el feminismo y el postmodernismo desde América Latina. De esta manera se ponen en contacto temas que por lo general suelen no aparecer relacionados. Así, por ejemplo, la problemática de las mujeres en el continente se toca con la pregunta acerca de la modernidad en América Latina. La interrogación a nivel del discurso nos permite desconstruir la modernidad como proyecto siempre inacabado y constituyente de Latinoamérica como espacio periférico. Por otra parte, la lectura del feminismo latinoamericano nos permite proponer la escritura de mujeres como gesto sustantivo en el discurso democrático que se propone como alternativa durante los ochenta.

El segundo capítulo realiza una lectura de la sexualidad en tres narraciones cuya primera textualidad es de carácter político. Se trata de los cuentos "Cuarta versión," de Luisa Valenzuela (Argentina), que presenta un relato sobre el exilio político; "Mordaza," de Pía Barros (Chile) que narra la violación como forma de tortura a una prisionera política, e "Isolda en el espejo," de Rosario Ferré (Puerto Rico) que presenta las relaciones sociales en la isla después de la anexión del territorio por los Estados Unidos.

El tercer capítulo intenta el reverso del segundo, leyendo la política en textos que escriben sobre lo privado. Los cuentos son "De hermano a hermana," de Cristina Peri Rossi (Uruguay), el fragmento referido a la tía Chila en Mujeres de ojos grandes, Angeles Mastretta (México) y "La elegida," de Lilian Helphick (Chile), que presenta una relación lesbiana.

El cuarto capítulo pretende recoger las preocupaciones teóricas del primero, esta vez incorporando las constantes que han resultado de la lectura de los textos en los dos capítulos anteriores y transformar nuestra postura crítica inicial en una propuesta más general; de este modo, este último capítulo indaga en la filosofía y la crítica cultural, en un intento por darle a la escritura de las mujeres un espacio propositivo a nivel del discurso latinoamericano.

Creemos que así leída, la escritura de mujeres resulta al mismo tiempo un ejercicio de desconstrucción de la modernidad periférica de nuestro continente y una propuesta multicultural de democracia para Latinoamérica.

Notas

[1] Luisa Valenzuela, *Cambio de Armas,* (Hanover, NH: Ediciones del Norte, 1982).

[2] Héléne Cixous and Catherine Clément, *The Newly Born Woman,* Trans. Betsy Wing (Minneapolis: U of Minnesota P, 1986): 92.

[3] Julieta Kirkwood, *Feminarios,* ed. Sonia Montecino (Santiago: Documentas, 1987): 51.

[4] Barbara Johnson, *A world of Difference*, (Baltimore: The Johns Hopkins UP, 1987): 12-13.

[5] Sonia Montecino, *Madres y huachos, Alegorías del mestizaje chileno,* (Santiago: Cuarto Propio/Cedem, 1991): 24.

[6] Adriana Muñoz Dálbora, *Fuerza feminista y democracia: Utopía a realizar* (Santiago: Vector/Documentas, 1987): 52.

[7] Cristina de Peretti, *Jacques Derrida. Texto y Deconstrucción,* (Madrid: Anthropos, 1989): 143.

CAPITULO 1

La articulación de la sexualidad y el poder

El presente trabajo pretende interrogar el modo en el cual la escritura de mujeres articula la relación entre poder y sexualidad en la sociedad latinoamericana. Dado que el sujeto del texto de mujeres escribe desde una posición subordinada y que su retórica ha sido históricamente la del ocultamiento,[1] se vuelve perfectamente posible leer su escritura desde el espacio de la marginalidad.[2] Que la mujer escribe desde la periferia es ya una metáfora de uso en la crítica feminista a la que, sin embargo, nos interesa adherir, no sólo porque es absolutamente apropiada como punto de partida de este trabajo crítico, sino también porque encontramos terriblemente poderosa la idea de que la marginalidad puede ser, además, un espacio "diferente".[3]

La noción de diferencia será entonces fundamental para hilar el desarrollo del presente trabajo: nuestra propuesta de lectura quiere expresar ese espacio en el cual el conflicto mismo aparece. No estamos diciendo que la diferencia ofrezca la explicación ni la justicicación del fenómeno, y nos interesa insistir en la diferencia como noción que se enriquece en su vaguedad. Coincidimos sin embargo, con Nelly Richard, cuando dice que:

> Si hay un concepto cuya articulación teórica y crítica pudiera resultar estratégica para sortear el peligro de esta asimilación primitiva de lo femenino y de lo latinoamericano a una representación originaria, éste es el de "diferencia": principio activo de cuestionamiento de identidad como representación de lo Uno y marca heterogeneizadora de lo Otro que desintegra la esfera de la esencias.[4]

Consideramos la escritura de mujeres latinoamericanas como un espacio diferente, no (sóla o especialmente) en cuanto posee rasgos que la distinguen de la escritura producida en otras latitudes, sino en tanto es espacio abierto, rotura en la cual lo igual y lo diverso se juntan y a la vez se separan. Diferencia como espacio de significación expuesto constantemente a la pérdida y acosado por la propia borradura. Borde/rasgadura/diferencia. Para que lo textual presente pueda aparecer, es necesario que se exponga al límite con aquello que no es; es el juego entre estos elementos el que produce la noción de identidad/sujeto y a la vez, el espacio en el cual se difiere el significado de la presencia para postergar su definición. Por eso la insistencia de Derrida en proponer différance (con a) para poner en juego las dos acepciones de la palabra en francés, cuya idea puede rescatarse también en español: diferencia, como proceso de diferenciación y a la vez como acción de diferir. Para Derrida:

> Difference is what ensures that the movement of signification be possible only if each so called "present" element, each element that appears on the stage of presence, is related to something other than itsel. Some interval or gap must operate it from what is not itself in order for it to be itself, but that interval which constitutes it in the present must also by the same token divide the present in itself, thus cutting through... everything that can be thought out on the basis of the present singularly the "substance" or the "subject.[5]

El sujeto que experimenta el desplazamiento del centro, se coloca obviamente en una posición que le permite observar desde otro ángulo. Es esa postura diferente la que le otorga cierta capacidad crítica - e incluso autocrítica - que, dadas ciertas circunstancias, puede convertirse en fuerza transformadora. Se trata de un fenómeno complejo y   no queremos en ningún momento decir que la marginalidad pueda verse como un espacio de privilegio, desde ningún punto de vista. Sin embargo concordamos con Sidonie Smith cuando dice que "Woman speaks to her culture from the margins. While margins have their limitiations, they also have their advantages of vision. They are polyvocal, more distant from the centers of power and conventions of selfhood. They are heretic."[6]

Concebimos nuestro trabajo crítico particularmente como una lectura desde la marginalidad obligada por la diferencia, la que proviene de los textos que aquí leemos, y también la diferencia que mi propio trabajo se prosiciona a nivel crítico.[7] A partir de estos supuestos básicos, queremos enfrentar el texto con su propio margen y someter a la lectura ese espacio en el que el texto se articula contrastando el texto que aparece con aquel texto que ha sido reprimido o dejado al margen, pero que sin embargo tiene una fuerte efectividad textual. Pensamos que la textualidad de mujeres ha de leerse en la diferencia, porque lo que nos interesa es acercarnos al ejercicio propiamente escritural, es decir, al gesto rebelde que es escribir desde mujer. Pensamos que en este ejercicio no sólo la elección de las palabras actúa como diferencia (como ocurre en toda escritura) sino que, en el caso de la mujer, se desarrolla una estrategia de desplazamiento que procura abrirle al texto una posibilidad de lectura que - siendo conflictiva - opere dentro del sistema vigente. Leer la diferencia en un texto de mujer implica también permitir la aparición del texto del deseo, que Foucault describe articulado por una compleja red de prohibiciones que revelan la relación (subyugada) del texto de la mujer con el poder.[8] Nuestra lectura tiene la voluntad de intentar "la estrategia de lectura diferencial," (the differential reading strategy) que ha sido articulada por Barbara Johnson de la siguiente manera:

> Reading, here, proceeds by identifying and dismantling differences by means of other differences that can not be fully identified or dismantled. The starting point is often a binary difference that is subsequently shown to be an illusion created by the working of differences much harder to pin down.[9]

Nos interesa poner el énfasis en el hecho de que la densidad de cobertura que esas diferencias presentan varían de texto a texto y que muchas veces las diferencias interiores (lo que Johnson llama "within") se maquillan por medio de diferencias entre entidades. En los cuentos con los que trabajamos hemos encontrado que la diferencia "entre" entidades se establece algunas veces a partir de un binarismo superficial, especialmente la exposición de las diferencias de clase o de postura política. De esta manera un binarismo denunciado por la escritura sirve para lavar una noción de oposiciones binarias más profundas, que el propio texto no se atreve a exponer. Esto ocurre incluso en los cuentos que exhiben una postura abiertamente feminista en la superficie, pero siguen operando con un sistema que descansa en un simple tramado de oposiciones binarias.

La riqueza de esta escritura de mujeres latinas, a mi modo de ver, radica sobre todo en la constante tensión entre las diferencias que no se muestran operando en el texto y las diferencias "entre" entidades, que el texto quiere mostrar. La complejidad que asume el conflicto étnico o político obliga a derrumbar el sistema de oposiciones binarias; una textualidad diferente es la que tensiona la escritura frente a la imagen de una mujer de Puerto Rico jugando al poder con un hombre americano, o frente a una prisionera política torturada, cuyo poder está en el placer al que su cuerpo vejado es capaz de acceder. El espacio oscuro y peligroso en el cual deseo y miedo se conjugan es el territorio en el cual se puede desmantelar una diferencia. Cuando el sistema de represiones políticas opera como ocultamiento y desfase de otras represiones culturales más profundas, allí es cuando el sistema basado en las desigualdades se manifiesta más patéticamente.

Los cuentos con los que trabajamos nos proponen una noción de diferencia que será básica en nuestro estudio: que la expresión de la diversidad no sólo es posible como concesión de los centros de poder. Muy por el contrario, la diversidad tiende a expresarse en maridaje promiscuo y celoso con el desdibujamiento de otros bordes, digamos de clase, o étnicos. Creemos que la voluntad de expresar la diferencia de género es la que fuerza a la mujer (latinoamericana) a descubrir los otros elementos que la conforman diferente. A modo de contacto entre heridas contiguas que supuran, la noción de diferencia-mujer es la que nos permite leer tanto la diversidad étnica, como la de clase. La noción de género es la que actúa como catalizador para seguir la hebra de otras exclusiones.

El texto y la propia lectura no están ajenos del proceso de desplazamientos que inevitablemente relega el texto de la mujer (latinoamericana) al margen. Perseguir una lectura contaminada es la estrategia desarrollada por Johnson, una lectura que se involucre - no para dejar aflorar fácilmente una subjetividad propia - sino una lectura desmitificada que intercepte el texto y acepte el roce de su rugosidad. Rugosidad que molesta mi propia lectura, debido a que lo que leo es aún más complejo que aquello que quiero traer a la superficie. Mi experiencia de lectura sin duda imprime una textura a lo que leo, al tiempo que entra en un juego de aceptación y rechazo con el texto.[10]

Para exponer los rasgos de la diversidad en la escritura otorgaremos centralidad a aquellos elementos que aparecen como periféricos en el discurso canónico establecido y ese será un punto central en nuestro estudio. De esta manera, nuestra perspectiva se aproxima a la de George Yúdice cuando señala que lo "marginal" ha dejado de serlo en los últimos años debido a la centralidad que la teoría contemporánea le ha concedido, debido a lo cual es necesario mantener con firmeza un postura ética pluralista y respetuosa de la marginalidad.[11]

En este trabajo la energía desplegada por la diferencia en ejercicio se dilata al contacto de un discurso que da cabida a la expresión original del feminismo latinoamericano y del Tercer Mundo en general, de esta manera esperamos poder mantener una perspectiva que sea a la vez pluralista y respetuosa del discurso periférico. De modo que vamos a mantener el presente trabajo en el ámbito de la diferencia latinoamericana, que es lo que le proporciona solidez y credibilidad. De ese modo, el espacio en sí se conserva aún "excluído" y continúa siendo "marginal." De cualquier modo, según nuestro punto de vista, es necesario acotar la citada aseveración de Yúdice, ya que si bien concordamos con el planteamiento general, creemos que la referida "centralidad" del concepto de marginalidad en la crítica contemporánea no ha llevado necesariamente a una interrogación más efectiva de los elementos provenientes del margen. Me refiero al hecho innegable de que la producción del Tercer Mundo continúa siendo subvalorada y excluída del pensamiento "universal," aunque también sea efectivo el hecho de que en la década de los ochenta el número de estudios críticos sobre la literatura "marginal" ha crecido considerablemente.[12] En nuestro ámbito, por ejemplo, los textos de Julieta Kirkwood, quizás los únicos textos mayores del feminismo latinoamericano hasta la fecha, están recién poniéndose en circulación en los países del Cono Sur y, como no han sido todavía traducidos al inglés, es dudoso que logren traspasar la barrera del poder y comunicar en el espacio del feminismo internacional; sin embargo, es interesante anotar que algunas publicaciones sobre la mujer latinoamericana[13] recogen el espíritu del trabajo pluralista que Kirkwood desarrolló para impregnar de feminismo el Movimiento de Mujeres, no sólo en Chile, sino que en el Cono Sur y en América Latina en general.[14]

Respecto al tema específico de la literatura de mujeres en Latinoamérica, es indudable que algunas recientes publicaciones hacen un aporte fundamental, me refiero a *Plotting Women: Gender and Representation in Mexico,* de Jean Franco[15], *Women, Culture, and Politics in Latin America,* del grupo de estudios en feminismo y cultura latinoamericana de las universidades de California y Stanford, y por último, de aún más reciente aparición, *Women's Writing in Latin America,*(Boulder: Westview Press, 1991) cuyas autoras son Sara Castro-Klarén, Sylvia Molloy y Beatriz Sarlo, que es una extraordinaria antología de escritoras latinoamericanas contemporáneas y contiene tres excelentes ensayos críticos de las editoras, todas las cuales son reconocidas críticas feministas latinoamericanas.[16] En este espacio queremos explicitar buscamos que el presente estudio sea también capaz de dar cuenta de mi propia posición como crítica latinoamericana, que escribe en los Estados Unidos, pero que conserva una fuerte ligazón con el movimiento de mujeres latinoamericanas y es allí, - especialmente en la cultura de mujeres producida en los ochenta en Chile,- desde donde diseña la perspectiva de su postura crítica.[17]

De modo que, dada nuestra ubicación como sujeto que produce este trabajo crítico,[18] no podemos dejar de problematizar la lectura producida en Norteamérica, aún cuando la apreciemos en todo el aporte que significa. Para disminuir en alguna medida dicho desfase en el transcurso de este trabajo, intentaremos, - en cuanto sea posible - atraer el pensamiento de las mujeres latinoamericanas sobre su propia realidad.[19] Pensamos que el hecho de sostener una postura solidaria con el sujeto histórico oprimido, no resta la imposibilidad de comprender la diferencia en toda su extensión.[20]

En efecto, sí se puede solidarizar y estudiar el fenómeno desde muchos puntos de vista, sin embargo es imposible asumir la postura del subordinado, del marginado, del Otro.[21] Esta premisa estará presente en nuestra lectura y debemos recordarla sobre todo cuando leamos las aristas en las cuales el discurso de mujeres presenta, por un lado, su otredad con respecto al masculino/latino y, por otro lado, cuando asume (si es que lo hace) la otredad del Otro de sí, digamos el indígena, el homosexual, etc.

Para insertar nuestro discurso en el de las mujeres latinoamericanas, vamos a privilegiar una lectura que cambie el tradicional foco de atención sobre la literatura latinoamericana; de modo que en vez de concentrarnos en el tema de la (in)justicia social, vamos a desplazar el centro de la lectura hacia la manera en que las mujeres escriben la(s) relación(es) con el poder y con la sexualidad. Por esto nuestro interés no dejará de estar centrado en el ejercicio del poder en América Latina. Por el contrario, un discurso poderosamente sexuado, es el que se esfuerza por escribir el texto de la mujer (latinoamericana), discurso que en la década de los ochenta, finalmente, se atreve a organizarse desde su propia diversidad. Si queremos ser consecuentes con el discurso que estamos articulando, hemos de advertir también acerca de nuestro énfasis en que nosotros no hacemos sino proponer una lectura (interesada) y que no pretende de ningún modo una generalización acerca de la escritura de mujeres latinoamericanas, porque entendemos que no existe ningún punto de vista que pueda aplicarse a todas las mujeres latinoamericans, o a todas las mujeres, porque las diferencias históricas, circunstanciales e incluso personales han de aplicarse siempre que se quiera hacer un estudio, las conclusiones universales no son sino parte de las pretensiones del sistema de dominación que borra las diferencias.[22]

Feminismo/ Latinoamérica

En el contexto del presente trabajo entendemos por Feminismo la corriente de pensamiento producida en torno al tema de la mujer, especialmente en referencia al cuerpo de crítica y teoría que se ha producido en las últimas dos décadas. Cuando sea necesario referirnos al feminismo como fenómeno social, hablaremos de "Movimiento de Mujeres", no sólo porque es una categoría que facilita deslindar campos de trabajo, sino también porque la teoría feminista en América Latina utiliza frecuentemente esta distinción.[23]

Es indudable que en el campo académico el Feminismo ha abierto un espacio respetado y provocativo para los estudiosos de la literatura. Varias son las críticas mujeres que han delineado un discurso contundente: Kristeva, Spivak, Johnson, Jardine, Cixous, Wittig, Moi, Showalter, Gubar, y otras; y, por otro lado, se puede decir que el pensamiento postmoderno ha valorado, incluso explícitamente en algunos autores,[24] el aporte del Feminismo al desarrollo de la teoría y la crítica contemporáneas. Pensemos que Derrida ha dicho que "toda crítica del falogocentrismo es de(s)constructiva y feminista, toda de(s)construcción comporta un elemento feminista."[25]

Los estudios literarios feministas no poseen una metodología única, sino que conforman un cuerpo de estudios que se ha dedicado a estudiar, por un lado, la representación de las mujeres en los textos literarios - configurando un cuerpo de crítica literaria - y, por otro lado, la relación de los textos escritos por mujeres con la tradición y la historia de la literatura, interrogando al canon literario o, como se ha dicho, buscando establecer un canon propio. En otras palabras, los estudios feministas se han ocupado tanto del plano simbólico como del texto histórico de la mujer.

A pesar de que la discusión teórica está recién comenzando entre la crítica feminista del Tercer Mundo, creemos que ha alcanzado ya un grado de complejidad que la hace merecer un espacio diferenciado.[26] La crítica feminista de Latinoamérica tiene la gran desventaja de su tremenda dificultad de entrar a los círculos académicos, debido sobre todo a la marginalidad editorial de sus publicaciones y a la notoria ausencia de traducciones del español al inglés en el campo. En nuestro trabajo realizamos un esfuerzo sistemático y premeditado para referirnos a los textos teóricos feministas del Tercer Mundo, sobre todo de Latinoamérica, e intentamos hacer presente el pensamiento de las mujeres latinoamericanas siempre que sea posible. Sin embargo, es necesario subrayar que no nos interesa una perspectiva "purista" en este sentido, debido a que sentimos que el feminismo latinoamericano tiene el deber y el derecho de apropiarse de la producción teórica acumulada en la cultura dominante, particularmente cuando esa cultura produce un pensamiento crítico al sistema, como es el caso del feminismo.[27]

Con este trabajo crítico no se intenta aplicar el feminismo como una metodología definida por sus categorías de análisis, sino que tomar una postura feminista y arriesgarse, sobre todo, a expresar la diversidad como forma de discurso. Proponemos que lo precisamente feminista en los textos de mujeres es la expresión de la diversidad, la notoriedad de la diferencia en ejercicio y la no limitación del texto a las aristas de la sexualidad o del conflicto de la mujer con el poder. Por el contrario, un texto de mujer es un texto abierto y rasgado por el conflicto, en donde es posible leer la diferencia y observar la marginalidad.

Nuestro acercamiento al texto es también la búsqueda de nuevas formas de leer. Entendemos las marcas 'mujer' como espacios abiertos a la interrogación de la diferencia, cualquiera sea la especificidad que esa diversidad asuma. Vemos la diferencia mujer como marca que es capaz de exponer otras marcas. Muchas veces es el planteamiento feminista el que busca la exposición de otras formas de discriminación, pero hay casos en los cuales el texto de la mujer latina rehuye, incluso rechaza el contacto con otras formas de discriminación. Veremos en los capítulos posteriores que la escritura de la mujer latina es espacio expuesto al riesgo.[28]

La presente lectura intenciona la mirada no jerárquica en los elementos puestos a nuestra disposición en el relato. En el desarrollo de ésta, insistimos en un rasgo común a todos los cuentos con que trabajamos, que es "el despliegue táctico de recursos que permiten burlar o parodiar la discursividad del colonizador (masculino o/y europeo), infringiendo su legalidad y torciendo su marca de reglamentaciones culturales (Richard, 51)." No nos interesa trabajar con nociones esencialistas de "lo femenino", de modo que utilizaremos categorías como la de género y reproducción sólo cuando éstas sirvan para dar cuenta de un fenómeno textual determinado.[29] Reconocemos que ésta no es tarea fácil, pero sobre todo nos anima la voluntad de no pretender definiciones ni explicaciones totalizantes, creemos que este es el único modo de respetar la autonomía del discurso de mujeres emergente en América Latina, sin pretender etiquetarlo sino, muy por el contrario, permitiendo que se exprese por sí mismo y facilitando su comunicación con el discurso de otros sectores marginalizados.[30] Así, nuestra preocupación fundamental es la de buscar la historicidad de estas categorías e intentar una lectura que asuma el feminismo como una postura desde la cual se pueden leer otras formas de discriminación social, léase étnica, de clase, raza, edad u orientación sexual, en una sociedad determinada y en un período histórico dado. Decimos esto porque entendemos que el discurso de la mujer latinoamericana se quiere pluralista, ha luchado por expresar la diversidad de clase y de raza en nuestro continente, al mismo tiempo que no se ha dejado ganar por las luchas ideólogicas que tan dramáticamente dividen nuestros pueblos.[31]

En este caso, la circunstancia de que los cuentos con que trabajamos estén escritos en Latinoamérica y en la década de los ochenta, ofrece una variable que ha de enmarcar poderosamente nuestra lectura crítica. Queremos con esto hacernos cargo del hecho de que ahora la escritura de mujeres en Latinoamérica se ve a sí misma con una autonomía que habría sido imposible de vislumbrar hace un par de décadas y que, por lo demás, los ejes históricos que organizan Latinoamérica en la década del ochenta son considerablemente diferentes que los de décadas anteriores.

Es indudable que las escritoras latinoamericanas - hablaremos mejor de "la mayoría de ellas" para no caer en totalizaciones - están en la actualidad muy concientes de las particularidades genéricas de su escritura y han asumido una perspectiva feminista en su escritura. Algunas de ellas han escrito ensayos feministas, como es el caso de Rosario Castellanos, Helena Poniatowska y Rosario Ferré[32] - otras, han reconocido su feminismo públicamente en entrevistas o artículos, como es el caso de Isabel Allende, Luisa Valenzuela, Pía Barros.[33] Existe también un número de escritoras latinoamericanas que escribe explícitamente de una manera experimental para buscar una lengua propia, en español.[34]

Durante la década de los ochenta, Latinoamérica podría tal vez ser descrita como un continente doliente, doliente y sin embargo con una terrible fuerza transformadora. Los ochenta representan la década sandinista en Nicaragua, cifrando la esperanza de una proceso revolucionario de diverso cuño en todo el continente. La esperanza de un proceso inclusivo de las fuerzas tranformadoras se expande en esas latitudes y lo que viene luego no es la gesta, sino la cordura, la alianza amplia, la participación de los cristianos, el apoyo inicial de la burguesía. Sin embargo, después de vivir tanta muerte, tortura, desaparecimiento de personas, y otros horrores similares bajo la era de las dictaduras, los muertos le duelen al continente y una propuesta de paz se hace cada día más urgente.

Leer un texto desde una perspectiva feminista implica leer de otra manera. De algún modo, es un intento de lectura al revés. Se trata de buscar lo que el texto oculta, lo que la propia escritura ha borrado y (auto)censurado. Sólo una lectura consciente de que el sistema de desigualdades operantes en la sociedad se desarrolla también en el texto, es la que podrá dar cuenta de lo suprimido y resaltar la tachadura, buscar el gesto en el simulacro que aflora a la superficie.[35] Este método es tanto más eficaz en cuanto el texto original sea más antiguo y haya sido escrito bajo estrictas circunstancias de represión y discriminación sexista. En algunos casos hemos de adoptar también esta perspectiva en nuestro trabajo, debido a que todavía existen temas que son tabú en América Latina y cuyo trato en público por parte de una mujer no es fácilmente aceptado, me refiero por ejemplo a la explicitación de la sexualidad y al lesbianismo. Me arriesgo a decir que la tarea del ocultamiento está aún tan arraigada en las más profundas estructuras de pensamiento de las mujeres latinas, que ni siquiera el discurso de las escritoras más radicales ha sido capaz de remover esta característica de sus textos.

Por otro lado, valga aquí la acotación de un punto que será desarrollado en el capítulo siguiente: es frecuente que la escritura de los ochenta utilice conscientemente algunas de las variantes de la censura y de la autocensura, pero no ya para someterse a ella, sino precisamente para mostrar la operación del ocultamiento, que sin duda, continúa hoy siendo parte del discurso latinoamericano.

La total vigencia del patriarcado en Latinoamérica no se puede negar, y tampoco el hecho de que su exacerbación es una de las tantas lacras que dejó el legado de las dictaduras militares en el continente. Por otro lado, tampoco se puede ocultar la contundente existencia de una corriente feminista fuerte y operando como contracultura en América Latina, a partir la década de los ochenta.[36] En 1990, las participantes al V Encuentro Feminista de Latinoamérica y el Caribe planteaban que:

en la década de los 80 el despliegue de las luchas feministas y la expansión de su propuesta ha logrado permear la sociedad civil y a sus instituciones políticas. Hoy, parte de las demandas de la mujeres han sido tomadas por otros movimientos sociales, y por gobiernos y partidos. Debemos rescatar esto como un logro y como un desafío. (21)

La década de los ochenta ha visto el desarrollo acelerado del movimiento feminista en América Latina, tanto así como para reconocer que las reivindicaciones, los valores y propuestas ya han impregnado otros movimientos sociales y han llegado a influir en algunos gobiernos. Dirigentes del Movimiento están conscientes de que:

La restructuración del Estado, la agudización de los efectos de la crisis [producto de las dictaduras], la profundización de la democracia, son algunos de los desafíos que enfrenta el feminismo de los 90, tanto para el debate y confrontación con el sistema patriarcal como para la elaboración de alternativas transformadoras para las mujeres y para la sociedad.[37]

Es claro que las transformaciones culturales de la última década permiten que el medio otorgue libertad a la escritora latinoamericana para tratar, sin censura, temas como la infidelidad, el erotismo y la política, los cuales fueron eludidos por las generaciones anteriores.[38]

La escritura de la mujer latinoamericana, aún en el período que nos preocupa, es una labor de maquillaje ya que "el texto literario de la mujer es una fantasmagórica enmascarada de márgenes, de escrituras borradas, de silencios subversivos"(24).[39] Por eso, nuestra lectura está orientada preferentemente, a enfrentar los textos con su propia periferia e intentar hacer visible la(s) diferencia(s) que el texto pretende ocultar/maquillar. De este modo trataremos de asumir un proceso de borrado que suponemos todavía presente en la escritura, sobre todo en lo que se refiere a la articulación de los temas que nos preocupan, sexualidad y poder. En Latinoamérica la relación de un sujeto mujer con el poder es muy conflictiva, como veremos en el próximo capítulo, y también lo es con la sexualidad, sobre todo cuando se trata de la propia.

La represión ejercida sobre la mujer se manifiesta en el plano social, pero alcanza también el plano simbólico, el cual está marcado precisamente por la ausencia de un discurso propio.

Más recientemente, la voz de la mujer ha comenzado a marcar también el espacio político. La literatura producida por mujeres en los ochenta, es una prueba de que los grandes temas de la revolución, la represión y el exilio latinoamericano ya no son exclusivos de los escritores varones.[40] Lo que interesa ahora es precisamente la conjunción de ambos elementos en el discurso contemporáneo de la mujer latinoamericana, según puede rastrearse en la literatura reciente.

Postmodernismo/Latinoamérica

Como uno de los pilares de la crítica postmodernista radica en el cuestionamiento del concepto de objetividad científica, no podemos decir que el Postmodernismo supone una nueva filosofía, ni tampoco que postula un nuevo modelo de análisis. Permítasenos, en cambio orientar este texto hacia la noción de una "condición" postmoderna, como la ha llamado Lyotard. Se trata de la percepción de que ya no es posible apelar a las explicaciones globales de la sociedad, dado que éstas se han derrumbando demostrando su imposiblidad de operar en una sociedad determinada. Según Lyotard, las grandes "narrativas de legitimación" han dejado de ser creíbles. Se refiere a las ideas iniciadas por la Ilustración, de que la sociedad progresa hacia el uso de la razón y el ejercicio de la libertad y conjugada con el supuesto hegeliano de que el ser humano tiende a conocerse a sí mismo. En ese sentido nos parece pertinente acercar esta noción a nuestra crítica, no sólo porque se comparta esta percepción del mundo sino sobre todo porque el derrumbe de las grandes utopías es visible en los textos que nos ocupan. Todos los relatos escogidos para este libro comparten la desilusión y el desarraigo; expresados tal vez con mayor patetismo en "Cuarta Versión" de Luisa Valenzuela, donde es la propia escritura la que se desestructura para cuestionarse a sí misma; es el texto el que no acepta ser ordenado siguiendo los parámetros del discurso de izquierda latinoamericano: la narradora de "Cuarta Versión" intenta describir los hechos ocurridos a consecuencia de la dictadura militar en Argentina y termina relatando una historia de amor de una mujer cualquiera. La escritura que se fuerza por aparecer es en definitiva el relato del derrumbe del sueño revolucionario: el texto ofrece su propio contratexto como contradictoria prueba del desgarro escritural que representa   hacerse cargo de que las utopías han dejado de tener sentido. La noción de condición postmoderna resulta, a mi modo de ver, del todo pertinente para entender textos de este tipo. Fredric Jameson explica así el concepto de Lyotard:

> Something like a more global or totalizing "crisis" in the narrative function in general, since[...] the older master-narratives of legitimation no longer function in the service of scientific research - nor - by implication, anywhere else (e.g., we no longer believe in political or historical teleologies, or in the great "actors" and "subject" of history - the nation-state, the proletariat, the party, the West, etc)."[41]

Respecto a las grandes concepciones ideológicas del siglo veinte, el postmodernismo critica especialmente a la concepción marxista de que la lucha de clases es el motor de la historia, la cual eventualmente culminará en una revolución proletaria.[42] Hay que entender esta crítica al marxismo en el contexto europeo del pensamiento postmoderno: se da por descontada la crítica y el rechazo al modelo capitalista de desarrollo, de modo que si se asume con centralidad la crítica al socialismo es porque éste aglutina(ba) las esperanzas de quienes buscan los cambios y es indudable que ha sido el marxismo la corriente ideológica que más ha permeado la intelectualidad en la sociedad moderna.

El enorme grado de complejidad que ha adquirido la sociedad contemporánea, impide que el poder se centre en torno al aparato del estado. Aún cuando la concentración económica existe hoy como nunca antes, no es el estado el encargado de regular su funcionamiento, de modo que el poder se articula funcionalmente desde otros espacios sociales. El poder se halla hoy diseminado no sólo en las instituciones tradicionalmente más respetadas de la sociedad : la familia, las escuelas y universidades, las iglesias, el sistema judicial, las fuerzas armadas, sino que cada día más el poder se organiza desde las instituciones informales, como son los mecanismos de regulación del consumo y la propaganda y los medios de comunicación de masas, cada día con mayor influencia. La supervivencia del sistema se basa en la coexistencia pacífica de una cultura hegemónica[43] con otras culturas que son marginales y que tienen poca influencia en las esferas del poder. Es cierto que el control del poder está en manos de la cultura hegemónica, pero esa cultura está en constante contraste con otros elementos que pueden ir minando su hegemonía. De modo que toda ganancia de las culturas dominadas en cualquier terreno es un espacio deseable para la mayoría que no detenta el poder. Debido a lo cual, el discurso contestatario no puede postular organizarse desde fuera para asaltar el aparato del estado en un momento determinado y desde allí redistribuir las riquezas,- como supone la teoría marxista de la revolución - se trata en cambio, de apropiarse de cada espacio posible y de minar la concentración del poder. En la medida en que se negocia pragmáticamente la obtención de beneficios, se va impregnando la cultura de una red de relaciones que organizan un tejido social complejo, en el cual los intereses de los diversos grupos tienden a estar relacionados entre sí o son, por lo menos, susceptibles de ser negociados a mediano plazo. Es indudable que en esta plataforma política hay rasgos de lo que Gramsci delinea como "estrategia del copamiento y avance."[44] El pragmatismo político que se deriva de esta estrategia ofrece una respuesta a la percepción de abandono del sujeto que vive la " condición postmoderna," pero también expresa un sano "realismo político, " que tal vez sea necesario en los programas políticos de los líderes de nuestro continente.[45]

Está claro que en la actualidad no es posible descansar en respuestas teóricas a los problemas sociales y políticos. La práctica crítica no puede tampoco ser hecha desde una filosofía totalizante. No se trata de ofrecer respuestas globales o modelos de análisis capaces de explicar todas las contradicciones. La crítica social sigue siendo prioritaria, sin embargo, de modo que la discusión que lleva a solucionar problemas locales, de un grupo determinado, bajo circunstancias específicas y que no funda su acción en normas universales y tampoco la ofrece como respuesta válida de otros grupos o sujetos, es la respuesta política posible, en la cual se está jugando el mejoramiento de las condiciones de vida de las grandes mayorías y sobre todo, la sobrevivencia de la democracia como sistema para los países latinoamericanos.

Después del derrumbe de la Unión Soviética no parece necesario justificar la idea de que las "narraciones maestras," como el Socialismo, han dejado de ser satisfactorias para canalizar los deseos de justicia y cambio de los sectores más postergados. Sin embargo, para quienes quieran pensar que el pensamiento postmoderno es propio de las sociedades desarrolladas - las que han experimentado la "modernidad" - quisiera ofrecer los recientes casos de Chile y Nicaragua como ejemplo de que las respuestas colectivas que las mayorías de esos países han adoptado en su práctica política se acerca (se explica) mucho más por las nociones postmodernas del pragmatismo y la negociación en el plano político, que por el enfrentamiento global de los conflictos básicos de una sociedad. Más que las proposiciones de cambios estructurales, la experiencia reciente de esos países parece corroborar que la salida negociada entre sectores e intereses diversos, puede ofrecer una posible ruta de desarrollo y mejoramiento de las condiciones de las grandes mayorías.

La sociedad chilena ha puesto su esperanza en la recuperación de la democracia, luego de conseguir la salida del dictador, por medio del voto y a través de una negociación con las Fuerzas Armadas. Una Oposición política de compleja composición, pluriclasista y pluripartidista, fue el motor que determinó el éxito de esta salida política y es hoy responsable por el desarrollo del país . El caso de Nicaragua es todavía más complejo, dado que el Movimiento Sandinista que había derrocado la dictadura de Somoza en 1979, fue derrotado políticamente en las elecciones diez años más tarde. Lo interesante es el hecho de que el Movimiento Sandinista forma hoy parte de la oposición política y ha canalizado sus otrora cuadros militares en la confrontación política. De hecho, estamos frente a un Movimiento Revolucionario de tendencia fundamentalmente socialista y de ideología marxista que ha puesto hoy toda su energía para defender el funcionamiento de la democracia como sistema . Se trata hoy de defender la democracia - con su sistema de minorías, sus votaciones universales, sus representantes elegidos, su composición de partidos alternándose en el poder, su libertad de expresión - la misma otrora llamada despectivamente democracia "burguesa". El caso del Movimiento M19, hoy partido legalizado con diputados dentro del sistema parlamentario, también ofrece luces para una respuesta respecto al tema del desmoronamiento que han sufrido las grandes ideologías también en Latinoamérica, a partir de los años ochenta. Como dice Oscar Guillermo Garretón:

[Queremos] no definirnos por ideologías en abstracto, sino por ideologías concretas. O sea, por un programa construido con los contenidos ideológicos históricos que nos movilizan y no por profesiones de fé - marxista, marxista-leninista, cristiana, laica, gramscianna, etc., - que en sí mismas poco han aportado para unirnos [...] y que sobre todo crean visiones totalmente totalizantes y excluyentes que en la práctica concreta escinden al pueblo.

En otras palabras, cuando nos pregunten quienes somos, preferimos decir a quién nos debemos, por qué luchamos y cómo creemos que venceremos, no qué religión profesamos.[46]

La (auto)crítica que la izquierda latinoamericana hace del marxismo da cuenta de un proceso iniciado en los años setenta, si no antes, que implica una crítica teórica y política. Crítica que se ha reflejado en la creciente reducción de los Partidos Comunistas en Latinoamérica y en la conformación de grandes Partidos Socialistas, que mantienen una orientación de izquierda, pero se han definido especialmente por su independencia política e ideológica de los grandes centros de poder, aceptando el marxismo como uno más de sus componentes doctrinarios,- enriquecido por el pensamiento de Gramsci, Foucault y otros - que se suma a los postulados de raigambre cristiana y a corrientes del pensamiento laico, para conformar partidos más bien programáticos que doctrinarios, definidos por el pragmatismo político y por un afán de no cooptar a los movimientos sociales ni abogarse su representación.[47] Tomando cierta distancia y reflexionando sobre este fenómeno, Derrida concluye que la "era" del partido político y su relación con el sidicalismo y con el estado, ha de dar lugar a otro tipo de regulación de las relaciones sociales que se adapte mejor a "the new -tel- techno-media- conditions of the public space, of political life, of democracy, and of the new modes of representation" definidos de una manera diferente, aunque de todos modos rescatando el que ha sido el legado del marxismo, lo que Derrida llama "los fantasmas" (specters) de Marx, aludiendo al hecho de que la articulación social democrática, entendida como actores y sectores sociales que negocian según sus respectivos intereses en la arena pública, es uno de los tantos legados que el marxismo ha dejado a la sociedad moderna. Aunque los "socialismos reales" se hayan derrumbado, la sociedad contemporánea tiene la marca endeble del marxismo y es a partir de ellos que ha de reorganizar sus postulados.[48] La crítica al partido político y el cambio de dinámica de los movimientos sociales,   que representan indudablemente una superación histórica del marxismo tradicional, pueden leerse también como una herencia dejada por Marx que sigue marcando las organizaciones sociales.

Me interesa sobre manera subrayar el hecho de que estoy consciente de la similitud que la crisis que estoy describiendo tiene con el proceso que experimentara en los últimos años la izquierda europea, donde el otrora mítico Partido Comunista Francés quedara reducido a un porcentaje electoral menor al 4%; el PCE es aún más extremo, dado que en la actualidad no alcanza a lograr el 1% del voto popular español; en tanto que el P.C. Italiano,- ya hace más de una década alejado política y doctrinariamente del marxismo ortodoxo, - inmediatamente después del derrumbe de la Unión Soviética, decidió cambiar incluso su nombre histórico. Quiero agregar, sin embargo, que sería muy simple explicarse el fenómeno latinoamericano como una demostración de la dependencia cultural que tenemos con Europa (la cual no puede empero desconocerse) en tanto que me inclino a buscar explicaciones que muestren la complejidad del devenir contemporáneo, donde es cierto, tal vez más que nunca, que existe una dependencia económica y cultural del Tercer Mundo en relación a los países desarrollados, pero también que América Latina ha vivido con complejidad su propio, doloroso proceso. Al mismo tiempo, lo que puede llamarse el "pensamiento postmoderno," (Derrida, Foucault, Kristeva, De Man, Lyotard) se origina hoy en día en Europa (especialmente Francia), - como lo fuera en las décadas pasadas - a pesar del punto, notable por cierto, de que el financiamiento académico proviene en su mayoría de Estados Unidos, con la consecuente carga acerca de su "independencia," como claramente lo ha apuntado Lyotard y ha cuestionado Said. La mayoría de los académicos europeos enseña o ha enseñado en las universidades y Colleges estadounidenses, siendo indiscutible el hecho de que los autores académicos norteamericanos (Johnson, Jameson, Jardine) están fundamentalmente orientados a re-leer a los pensadores europeos, aún cuando se distancien de ellos.[49]

La pregunta acerca de la viabilidad de utilizar nociones del discurso pos(t)moderno en el ámbito latinoamericano entraña una discusión actual muy interesante   entre   los   intelectuales latinoamericanos. Discusión frente a la cual no intentamos asumir una postura radical, sino que simplemente acercarnos más a aquellos autores que entienden que la postmodernidad entrega herramientas para una lectura que, -aunque de un modo problemático,- nos inserta de una manera particular en la contemporaneidad. A mi parecer la escritura de mujeres en América Latina es un texto que muestra el pastiche y propone el mosaico como expresión propia; aún con todo lo que pueda tener de "extranjero" o importado, pero que sigue siendo la forma compleja en la cual la mujer latinoamericana impulsa la salida de sus deseos y las organiza tácticamente frente al sistema de prohibiciones vigente.

En la década del ochenta en América Latina, la escritura que se esfuerza por aparecer, es en definitiva el relato del derrumbe del sueño revolucionario: el texto ofrece su propio contratexto como contradictoria prueba del desgarro escritural que representa   hacerse cargo de que las utopías han dejado de tener sentido. En la escritura de mujeres en particular, la noción de "condición postmoderna" resulta, a mi modo de ver, del todo pertinente para entender estos textos. Concordamos con Nelly Richard, cuando dice que factores como el fracaso de los ideales totalizadores de revolución social, la crisis de absolutos y fractura de la imagen político-revolucionaria de la conciencia portadora de una verdad dogmatizada (marxista), la revaloración de la democracia como respuesta anti-totalitaria, y el marco pluralista de la concertación social que se propone como salida actual en nustros países, junto con:

> el surgimiento de *nuevos sujetos socialmente diversificados que reclaman su derecho minoritario a la diferencia*, son factores de la experiencia post-dictatorial de los países latinoamericanos que acercan su nuevo horizonte político a los cambios destotalizadores de estado-poder-sociedad-instituciones, cifrados por la teoría postmoderna de lo micro-social.[50] (el subrayado es mío)

Es tal vez por las mismas razones que Latinoamérica ha debido vivir (sufrir) los procesos de a/des/culturación por causa de su dependencia económica, que ha sido posible que se apropie, - de un modo complejo y no sin problemas ideológicos - de los restos de la cultura del pastiche, del residuo que ha sido por siglos quizás su única forma de participación del modelo internacional que incluye al tercer mundo en el proceso depredador de sus materias primas, mientras al mismo tiempo lo excluye de las ganancias generadas por el sistema. Lo singular es que el residuo ha pasado a significar en la sociedad postmoderna y de ese modo, lo que era ausencia se ha hecho presente, permitiendo que el Tercer Mundo pueda intervenir en los procesos de significación elaborados por la modernidad. Me inclino a pensar que, por lo menos en términos culturales, esta lectura puede ser posible, sobre todo si nos mantenemos en el ámbito escritural.[51]

Ciertamente que la percepción del terror en las sociedades latinoamericanas se dio por medio de las dictaduras de las pasadas décadas, y también es cierto que el Feminismo ha sido uno de los primeros espacios que es capaz de percibir el horrror dictatorial como una manifestación extrema del autoritarismo que estaba previamente presente en nuestra sociedad. Autoritarismo que se manifestaba tanto en la forma poco participativa que asumía el liderazgo político de partidos y sindicatos, como en la organización de las escuelas y universidades y, sobre todo, en la ubicación subordinada de la mujer en el espacio y en la violencia a la que se somete el espacio doméstico. Julieta kirkwood, en 1985, constata que:

> Las mujeres, si antes no valoraban cabalmente el sentido de la liberación y aceptaban una integración subordinada [en la arena política] ahora [después de vivir bajo dictadura], frente al autoritarismo están, en cierto modo, de cara a un fenómeno conocido: el autoritarismo como cultura es su experiencia cotidiana. La recuperación democrática no será para las mujeres la re-aplicación del modelo liberador conocido (Kirkwood, 166).

No sólo la experiencia, sino también la teoría feminista surgida en la crítica latinoamericana, se esfuerza por incorporar una línea de trabajo concebida más bien como apertura, como sesgo o rasgado en el texto, no como explicación total y directriz. Esta postura, - que las mujeres en latinoamérica llamamos "renovada"- se plantea fuertemente como rechazo a todas las formas de autoritarismo, ya que cuando se ha tenido la experiencia del terror tan brutal, se genera lo que podríamos llamar un "sexto sentido" para percibir las formas más sutiles de opresión, de exclusión, de autoritarismo, las que suelen pasar desapercibidas para aquellos que operan en la confianza del sistema democrático. De manera que para el feminismo latinoamericano la crítica a los sistemas autoritarios, sean estos de derechas o de izquierdas, no es novedad. Kirkwood plantea:

> *Las ideologías de izquierda,* centro o derecha, relegan a la mujer al ámbito de lo privado doméstico, sin que se haga cuestión ni de la "inexpresividad" de los partidos más progresistas en cuanto a la condición de la mujer, ni de la notable "inexpresividad" de la derecha para hacer caudal de la orfandad política femenina. Desde ambas perspectivas - paradojalmente- el problema femenino se reducirá a la disputa por la condición de adalid de la defensa de la familia - léase *familia popular* o familia a secas - dejando intocadas y/ o sacralizadas las redes interiores jerárquicas y disciplinarias que la conforman históricamente (Kirkwood,170) (el subrayado es mío)

Como el Movimiento de Mujeres en Latinoamérica surge como espacio ligado a las fuerzas progresistas, está muy cercano a la influencia del marxismo, ya sea en su forma más ortodoxa o aquella más "renovada", lo cual explica el hecho de que la práctica teórica del Feminismo tenga, de manera muy consciente su - conflictiva - relación con las ideologías de izquierda. Las formadoras del Movimiento Feminista han sido o siguen siendo en su mayoría, militantes - conflictivas, por cierto - de la izquierda latinoamericana. Lo cual no las incapacita para reconocer que " la ortodoxia de izquierda [...] difiere precisar o teorizar en el presente sobre las conductas políticas actuales y específicas de las mujeres, trasladando el planteo y la resolución del problema al futuro, subordinado a la resolución revolucionaria global (Kirkwood, 173)."

En Chile, por ejemplo, el análisis que el Feminismo hace de su experiencia en las últimas décadas, ofrece una percepción de que el autoritarismo - que la sociedad en su conjunto percibe con brutalidad durante los años de la dictadura militar de Pinochet - se hallaba presente en la sociedad chilena desde mucho antes, y que prueba de ello es la (no) incorporación de la mujer a las luchas por los cambios y transformaciones que la sociedad había ido experimentando. Adriana Muñoz, feminista, socióloga y diputada socialista, reconoce que :

> Tanto en el período [del gobierno del presidente democratacristiano] Frei, como en el del [presidente socialista] Allende, las mujeres fueron subordinadas a los lineamientos programáticos generales de los respectivos gobiernos, desdibujándose y postergando su especificidad en función de "los grandes cambios del país". [...] la participación de la mujer [estuvo] determinada por su condición de género, [...] ligada a aquellas áreas de actividad más cercanas a su rol tradicional-doméstico.[52]

Si hablamos de Postmodernismo en el Tercer Mundo[53] y en América Latina en particular, es porque no entendemos el concepto como una superación de la modernidad, como lo han entendido Sánchez Vásquez o Nelson Osorio, quienes piensan que es imposible hablar de postmodernidad en un espacio en donde la modernidad no se decidió nunca a llegar, esto es, que América Latina no ha participado del modelo de desarrollo que implica la modernidad, de modo que no puede considerarse que en ella hay elementos postmodernos, los que, según estos autores, serían propios de la etapa tardía del capitalismo.[54] Concordamos con ellos en el diagnóstico de nuestra incorporación no igualitaria al mercado internacional, con un pobre nivel de consumo que no se acerca al de los países desarrollados. Pensamos, sin embargo, que es necesario introducir en el análisis la variable de una sociedad altamente estratificada, como es el caso de América Latina, en la cual no sólo existe una minoría que tiene un altísimo nivel de consumo, sino que el funcionamiento del país es, cada día más, dependiente de la tecnología aplicada y que incluso hay países del Tercer Mundo que están hoy día apostando su desarrollo económico a la llamada "economía de punta,"[55] e incorporándose a la producción para la guerra de manera acelerada.[56] El pensamiento de Osorio y Sánchez Vásquez, se acerca al de Jameson, en relación a la ubicación que éste le da a la cultura del Tercer Mundo: se trataría de un espacio de algún modo incontaminado, un lugar de esperanza, que no participaría ni de la nostalgia postmoderna ni de la corrupción de la modernidad.[57]

Desde nuestro punto de vista, la discusión respecto a la posicón que ocupa América Latina en la actualidad puede ser más fructífera si acaso se es capaz de tener en cuenta tanto los factores socio-económicos, como los ideológicos y culturales. La primera cuestión que es indiscutible es la diversidad que puede establecerse, no sólo entre los diversos países en cuanto al nivel de desarrollo económico, la composición racial y los procesos históricos determinados, sino también la tremenda desigualdad existente entre los diversos sectores sociales dentro de cada país. Quizás el rasgo más común entre nuestros países y el que nos mantiene a todos sin poder salir de la categoría de Tercer Mundo, es el hecho de que en todos nuestros países no sólo existe una gran desigualdad social, sino que los sectores más pobres de la población no alcanzan a cubrir las necesidades básicas de sobrevivencia y al mismo tiempo conforman un alto porcentaje de la población, al menos se habla de más de un tercio del total, eso en los países en mejores condiciones económicas.[58] Si el desarrollo desigual es el rasgo principal que nos mantiene en el subdesarrollo sin permitirnos salir de él, entonces no se pude simplemente decir que hay fases del desarrollo a las cuales América no ha accedido todavía. El proceso de búsqueda de una "identidad nacional" ha sido informado por la idependencia de España que - aún cuando sea cierto que el proceso culminó recién a fines del siglo pasado con Cuba y Puerto Rico - en su gran mayoría fue definida substancialmente a comienzos del siglo XIX. En esa medida, no se puede hacer el sim ple traslado de las catagorías de análisis utilizdas para describir la cultura de otros espacios del Tercer Mundo, especialmente aquellos que han permanecieron como colonias europeas hasta mediados del siglo XX. Tampoco se puede pensar que la mitología latinoamericana encarnada por la novelística de los sesenta, especialmente García Márquez y el llamado "Boom latinoamericano", responda principalmente a una alegoría nacional. No sólo estamos aquí frente a críticas muy profundas al sistema de desarrollo fomentado por los procesos nacionales, sino que además la noción de "Latinoamérica" está muy presente en estas novelas, hay una categoría supra nacional que está presente, especialmente en la forma de un antagonismo con la noción de "imperio" asignada a los Estados Unidos como potencia política y económica. Estas dos cuestiones, sumada a incuestionable complejidad estilística de la narrativa latinoamericana, hacen necesario un análisis diverso, que recién ha comenzado y que tendrá muchas implicaciones en la forma en que los latinoamericanos veamos nuestra propia cultura. Por de pronto, aceptemos como por lo menos cuestionable la noción de que la narrativa latinoamericana contemporánea constituya fundamentalmente una alegoría "nacional." Nuestra sospecha es que los elementos más fuertes de esta narrativa tienen más que ver con una crítica al sistema , que con la constitución de la nacionalidad.[59]

Este tipo de crítica se relaciona con la lectura que Jean Franco hace de la escritura de mujeres en México y determina su posterior análisis respecto a que la mujer mexicana no ha sido capaz de participar en creación de la alegoría nacional que es la empresa mexicana moderna.[60] La crítica a esta lectura nos permite introducir aquel espacio - precario y riesgoso - en el que se escribe el texto de la mujer latinoamericana: el texto de las márgenes, el texto que se ofrece a sí mismo en holocausto por una causa periférica, que está condenada al borde. De aquí, por tanto, la textualidad de mujeres en América Latina como un elemento de nuestra postmodernidad; no porque haya hecho caber su texto en la alegoría nacional, sino porque ha escrito desde otro espacio y porque ha expresado la diferencia.

Nosotros vemos el postmodernismo operando como condición inherente al proyecto de modernización que ha regido el discurso dominante del Tercer Mundo a partir del siglo XIX. La cultura postmoderna no implica una etapa de superación que sucede a la modernidad, sino que movimiento inherente al proyecto mismo, dentro del cual la pobreza endémica y el subdesarrollo de algunos sectores del planeta, es condición indispensable para la viabilidad del desarrollo ulterior del capitalismo, del mismo modo en que lo es la exclusión de la mujer respecto del discurso hegemónico de la modernidad. En la fase ulterior del capitalismo el poder está centrado en el acceso al almacenamiento de datos y en el manejo de los medios de comunicación de masas.[61] América Latina no está fuera de este proyecto y su ubicación marginal no es transitoria sino que funciona dentro del modelo, el cual le permite cierto nivel de movilidad y ese espacio aparece como desafío para Latinoamérica, porque es el único resquicio en el cual podrían llegar a funcionar nuestras precarias democracias.

Desde nuestra perspectiva, la ciudad de Los Angeles (California) constituye un espacio tremendamente postmoderno, del mismo modo en que lo son Ciudad de México o Santiago de Chile. La postmodernidad es en realidad un lugar en disputa, el espacio en el cual pueden convivir - no sin riesgo - la elegancia de Beverly Hills y el "glamour" de Hollywood, con el crimen y el tráfico de drogas que rige los barrios negros o hispanos del este de Los Angeles. Postmodernidad como irrisorio equilibrio de lo irreconciliable, estabilidad tan sutil, tan riesgosa, que un día cualquiera se levanta en llamas para entregarnos la imagen concentrada del horror por la pantalla de la televisión.[62]

Es en esa medida que entiendo que el espacio urbano latinoamericano encarna poderosamente la postmodernidad: las calles de Sao Paulo, con sus tremendos rascacielos y sus niños mendigos muertos porque el estado no tiene recursos para mantenerlos; Ciudad de México, donde el indio regatea sus productos artesanales para sobrevivir en un mercado céntrico, modernamente reconstruído después del terrremoto, sobre el terreno mismo de lo que un día fuera la ciudad de Tenochtitlán. Nuestra modernidad inevitablemente " consiste en una permanente aspiración a ser moderna" (Yúdice, ¿Puede, 121). La postmodernidad como evidencia de que el proyecto moderno no es sólo incompleto, sino que permanecer incompleto es lo que lo hace viable como forma de funcionamiento de un sistema que es no sólo injusto, sino que peligroso, en constante riesgo de perder su precaria estabilidad. De esa manera podemos leer también las dictaduras en América Latina como una ruptura de ese inestable equilibrio, como quietud sobre el polvorín , a punto de estallar siempre, porque mantener la convivencia en un sistema que produce desigualdades tan grandes es una tarea a renovar trabajosamente cada día. Por eso es que concebimos también la participación de Latinoamérica en la postmodernidad como un esfuerzo de imaginarse formas nuevas de funcionar en esa trabajosa convivencia cotidiana que es la democracia. Para José Joaquín Brunner, "el malestar con la cultura no [ha] surgido del agotamiento de la modernidad, [...] sino de la exasperación con ella" y con su "crisis permanente" en nuestros países; de modo que se trataría de sacar la pesada carga ideológica de la política cotidiana, en aras de impregnarla de pragmatismo y sobre todo de un contenido cultural que sea soporte de la estabilidad democrática, asegurando"ese conjunto de intereses y bienes que no pueden intercambiarse en el mercado: los derechos humanos, el arraigo social, el sentido de pertenencia, la necesidad de referentes trascendentales" (37). Según Yúdice, esta postura de Brunner "sólo nos ofrece la resignación a una modernidad periférica de medios escasos" (Yúdice, ¿Puede,120). Sin embargo, a mi modo de ver Brunner se atreve a "desmitificar" el terreno ideológico - que tiene tanto peso en Latinoamérica - y a levantar propuestas democráticas concretas. Por lo demás, si hubiera que "resignarse" a la paz, a la defensa de la vida como condición inalienable, y al respeto de las personas como estrategia cotidiana, el ideal democrático estaría, para nosotros al menos, muy cerca de cumplirse. [63]

Esta escritura de mujeres está abierta al deseo y sujeta a la reiteración de su propio goce, pero el miedo que la recorrre intercepta su búsqued, hasta que se atreve, finalmente, a ir más allá. O más acá, hacia el placer, hacia el miedo del adentro que esconde a la otra que soy y no. Estos textos de mujeres revelan que desde América Latina se lee la diferencia con júbilo, con dolor, sujeta a la erótica del miedo y del ocultamiento. Esta escritura acepta una lectura crítica "abierta a la heterogénea pluralidad del sentido como resultado de una multiplicidad de códigos (sexuales, pero también políticos y sociales, ideológico-literarios, etc) entrecruzados en la superficie del objeto semiotizado, capaz de poner en acción una lectura destotalizadora; y por ende, de movilizar lo femenino como pivote contra-hegemónico de los discursos de autoridad" (Richard, 51)

En aquel espacio peligroso y resbaladizo en el cual los bordes se desdibujan y se expresan las diferencias que han sido reprimidas por el discurso hegemónico, es que situamos la fricción entre feminismo y postmodernidad que recoge la escritura de mujeres en Latinoamérica. Es probable que la crítica al marxismo en Latinoamérica sea copia europeizante de los intelectuales y nada más que una nueva prueba de nuestra dependencia cultural. Tal vez sea cierto; y sin embargo, también es posible que haya sido el desarrollo de los movimientos sociales en América Latina el que haya encontrado en su propia historia el desafío de no seguir modelos prefijados en otras latitudes. También es posible que después de tanta muerte y tanto dolor, exista hoy una genuina voluntad de defender la vida y no ofrecerla en holocausto por causa alguna. Puede ser que en nuestra América sean muchos los que estén ahora convencidos de que ejercer violencia sobre las personas es una inmoralidad que no puede repetirse en nuestro continente. A la mujer latinoamericana la década del ochenta la enfrentó con las formas más brutales del autoritarismo y, sin embargo, también la obligó a escribir el texto de su asfixia. Como escribe Valenzuela, la nuestra es "una historia que nunca puede ser narrada por demasiado real, asfixiante, agobiadora. Momentos de realidad que [nosotros] también [hemos] vivido y que por eso mismo [nos] asfixian."[64]

De modo que tal vez hayamos aprendido por cuenta propia que, lo único intransable es la causa de los derechos humanos, y que todo lo demás es negociable.

Feminismo/Postmodernismo/Latinoamérica[65]

Por un lado, la mujer ha estado excluída del poder y por ende también del discurso y del espacio simbólico que soporta el imaginario colectivo moderno. Julieta Kirkwood señala que al mismo tiempo que a la mujer le ha sido negado el espacio de "lo público, con su dominio de lo político y su posibilidad de acceder al planteo y la búsqueda de la libertad" se le ha otorgado el plano de "lo privado, sólidamente asentado en lo doméstico y lo necesario[y] en la marginalidad política". Frente al "problema del poder y en su práctica, las mujeres somos [dice Kirkwood,] las grandes ausentes"[66]. Por otro lado, en medio de esa crisis del discurso que es la modernidad, surge el espacio mujer como parámetro frente al cual las narraciones maestras[67] pueden ser contrastadas y adquirir sentido, o demostrar su incapacidad de resolver las grandes cuestiones de la humanidad. En el caso de América Latina, nos sentimos inclinadas a concordar con el planteamiento que hace Alice Jardine respecto a que las crisis experimentadas por las grandes narrativas de Occidente no han sido genéricamente neutras, sino que expresan la crisis de las narrativas inventadas por los hombres.[68]

La crisis de legitimidad ha generado una búsqueda de espacios que pudieran haber quedado incontaminados y es - irónicamente - entonces que se han vuelto los ojos hacia el espacio codificado como femenino. La mujer aparece así como expresión del Otro, como espacio de lo diferente y como vacío en el que es posible capturar la diversidad que ha quedado fuera del discurso moderno. De modo que se puede decir que la exclusión de la mujer de la modernidad es la que le permite participar del discurso postmoderno.

La propuesta de Kirkwood supone "tomarse la acción - la idea y el acto" para lo cual es necesario "liberar al propio sujeto mediante un ataque cultural, ataque que consiste en la supresión y la negación de los tabúes y las limitaciones sexuales, las separaciones y encasillamientos arbitrarios, para devolver la práctica sexual al ámbito de la libertad de opción."[69]

La escritura de mujeres en América Latina ofrece metáforas construídas en espacios que no se fundan en el límite sino en el desdibujamiento de sus bordes. Se trata de metáforas que no respetan ni la fundamental división entre lo público y lo privado, ni todas las generalizaciones y divisiones que de ésta se derivan. Pensemos, por ejemplo, en la articulaciones del tipo de la que produce Rosario Ferré en "Cuando las mujeres quieren a los hombres,"[70] que presenta el (pre)juicio -poderosamente enraizado en Latinoamérica - de que hay dos clases de mujeres, las señoras/ madres/ hijas/ y las otras, amantes/ prostitutas/queridas/ cortesanas. El mito es tanto más conservador en tanto compromete cuestiones de clase, color y etnia en dicho modelo.[71] El texto de Ferré enfrenta estos dos modelos y en vez de oponerlos, los entremezcla y busca su articulación, su simbiosis, no la síntesis tampoco, sino la inquietante noción de pérdida del límite y de espacio abierto a la escritura del deseo.[72] Lo que Brunner llama la" obsolescencia de las tradiciones" está presente en este texto, no como transgresión y propuesta rupturista, sino como "un descentramiento, una desconstrucción de la cultura occidental [y latinoamericana] tal como ella ha sido representada" hasta ahora.[73]

Otro gesto interesante en ese sentido, es el de Gabriela Mistral: en *Poema de Chile* [74] donde, según Marie Louise Pratt, "la urbanización y la industrialización, la realidad de la modernización, no ejercen ningún rol [...]; ni una sola ciudad, ni siquiera un pueblo" y menos chimeneas ni fábricas, aparecen en el texto. Para Mistral, Chile es un proyecto en el cual ni el nacionalismo ni lo heroico juegan ningún papel, y en cambio sí lo hace la búsqueda de la justicia social, la relación del ser humano con la naturaleza y la exclusión a la que el indígena ha sido sometido. En este sentido, el proyecto mistraliano contrasta tremendamente tanto con la gesta heroica que propone el *Canto General* de Neruda, como con el modelo de nación moderna. En este texto el espacio privado no se muestra asociado con la esfera de lo doméstico, lo cual crea un mundo " en el cual las mujeres pueden moverse con libertad y autoridad en relaciones que son verticales y maternales y no horizontales y fraternales".[75] También en el tema de la maternidad se puede leer en el texto de Mistral la exclusión como condición inherente al proyecto de la modernidad: la sujeto textual se reconoce excluída de un proyecto en el cual el rol asignado a las mujeres es primordialmente el de la maternidad[76]: /No saludé las ciudades/ no dije elogio a su vuelo de torres[...]/ ni fundé casa con corro de hijos/[77] escribe Mistral en un texto al que nosotros queremos adherir la lectura de la mujer como elemento excluído del discurso de la modernidad y que funciona como lo que Brunner llama "injerto y alegoría 'postmodernista' de nuestra modernidad", [78] ya que la sujeto tiene conciencia tanto del proceso en el que se inserta su experiencia, como de la exclusión de la que es objeto.

La cultura latinoamericana contemporánea ha sido leída como alegoría de la identidad nacional, en la cual las vanguardias serían las que expresan la ruptura con la tradición y la emergencia del proyecto modernizador, el que, según Octavio Paz, habría de ser superado por "lo ultramoderno," una era "todavía más moderna que la de ayer".[79] Respecto de lo cual concordamos con George Yúdice cuando dice que en eso Paz se equivoca, debido a que "hay varias modernidades y que la condición postmoderna no implica la ruptura con ellas, sino precisamente el reconocimiento de que son múltiples, de que no hay un solo modelo ni un solo sujeto que determinan el decurso de la historia."[80] Además, en términos culturales, un trabajo puede llegar a ser moderno sólo si primero es postmoderno, dado que el postmodernismo no hay que entenderlo como etapa posterior del modernismo, sino en su estado primario, este estado [postmoderno] es una constante y una necesidad.[81] La postmodernidad supone el pastiche en el cual ya es imposible reconstruir alguna - ni siquiera una fragmentaria - "representación" de la "realidad". Una lectura postmoderna de América Latina implica reconocernos en un espacio en el cual la economía transnacional nos ha hecho, a la vez que dependientes, participativos de un modelo cultural del cual no estamos ajenos y productores de una cultura que siendo periférica, nos incorpora - de esa manera específica - en la modernidad. La lectura que nos interesa no se permite poner otra censura más sobre el discurso latinoamericano, como a mi parecer se hace con el predicamento de que existiría una cultura latinoamericana "auténtica" (que estaría conformada por aquellos elementos cercanos a lo indígena y a lo "nacional") y una "seudo"cultura , propia de la dependencia (que estaría conformada por las formas que asimilan en nuestro continente las manifestaciones"foráneas", especialmente   europeas   y norteamericanas), cultura esta última, cuyo efecto de "copia" no expresaría lo latinoamericano. Se ha escrito mucho al respecto, me interesa aludir solamente a la complejidad del fenómeno, como arista sobre la cual se articulan los temas que tratamos y me interesa orientar nuestra visión al espacio del sincretismo, al espacio del riesgo o la fisura, a ese espacio en el cual un "rock pesado" chileno puede parecernos mucho más "auténtico" que un conjunto de música folclórica con sus danzas y "trajes típicos." Nuestra lectura del discurso de la mujer latinoamericana lee en ese espacio que intercepta la cultura, sin proponer previamente un "modelo" ideológico que supone estudiar lo que expresa una posición políticamente "correcta." En el transcurso de este trabajo este tema se retoma con frecuencia, porque es así como leemos la interrogación a la que nos someten los textos con los que trabajamos.[82]

El texto de la mujer en América Latina ha desarrollado desde sus comienzos una estrategia de sobrevivencia, o lo que Josefina Ludmer llama "las tretas del débil", y que no es otra cosa que un sin número de argucias que le permiten escribir lo propio, aunque sea en los bordes del texto simulado.[83] Así tenemos que Bombal escribe su erotismo en el espacio (auto)censurado del ensueño, o su rebeldía social en el constreñido molde de una mortaja, mientras mantiene con firmeza un sistema de prohibiciones con el cual articula el que aparece como texto principal de sus narraciones, las que así controladas, se subordinan para caber en el sistema. Leer la diferencia en un texto de mujer implica también permitir la aparición del texto del deseo, que Foucault describe articulado por una compleja red de prohibiciones que revelan la relación (subyugada) del texto de la mujer con el poder.[84]

Entendemos que el texto y la propia lectura no están ajenos al proceso de desplazamientos que inevitablemente relega el texto de la mujer (latinoamericana) al margen. De modo que nos interesa introducir en nuestra crítica "un movimiento que revierta la despersonalización del texto crítico y reintroduzca lo personal, o al menos la posición del crítico, como una manera de diseminar la autoridad y descomponer la falsa universalidad del significado patriarcalmente institucionalizado."[85] Mi experiencia de lectura sin duda imprime una textura a lo que leo, al tiempo que entra en un juego de aceptación y rechazo con el texto. Lo que resulta de esta lectura es que "las limitaciones y oportunidades impuestas por el género, la raza, o el contexto institucional - tanto por la escritora como por la crítica - no pueden localizarse ni fuera ni dentro del texto, sino que son parte de los efectos del complejo dinamismo de una interacción".[86] Por otro lado, no hacemos sino proponer una lectura (interesada), que no pretende ninguna generalización, porque entendemos que " no existe ningún punto de vista desde el cual puedan ser seleccionadas o totalizadas las características [generales] del ser humano, o de la mujer, o incluso de un autor en particular. La unificación y la simplificación son fantasías de la dominación, no [un] entendimiento" [de la complejidad del texto].[87]

Si la escritura de mujeres tiene un rasgo común éste es el "despliegue táctico de recursos que permiten burlar o parodiar la discursividad del colonizador (masculino o/y europeo), infringiendo su legalidad y torciendo su marca de reglamentaciones culturales.(Richard, 51)."

Nuestra preocupación fundamental es la de desmantelar la cosmética que oculta la historicidad del texto de la mujer y leer allí no sólo la discriminación genérica, sino también racial, de clase, edad u orientación sexual, en una sociedad determinada y en un período histórico dado. Esto porque el texto de la mujer latinoamericana se hace solidario con otras formas de discriminación. El discurso de la mujer latinoamericana se quiere pluralista, ha expresado la diversidad racial y de clase en nuestro continente, al mismo tiempo que no ha dejado que las posturas ideólogicas se hagan cargo de su textualidad. En el despliegue de la representación el texto se plantea, se (des)organiza desde su expulsión de lo dominante y se expone a ser relegado a la omisión y al silencio. Textos de Mistral, Castellanos, Fugellie, Garro, por ejemplo, presentan un marcado proceso identificatorio con el indígena[88]; en tanto que la escritura de Eltit y otras insiste en la herida textual del lumpen y del sujeto marginal(izado) de las ciudades.

En Latinoamérica, la relación de un sujeto mujer es tan conflictiva con el poder, como lo es con la sexualidad, sobre todo cuando se trata de la propia. La represión ejercida sobre la mujer se manifiesta en el plano social, pero alcanza también el plano simbólico.[89] Creemos que poder y sexualidad aparecen imbricados en el texto de la mujer latinoamericana más que en ningún otro espacio. Incluso cuando ha querido hacer una alegoría nacional, la sexualidad es el elemento a través del cual se articulan las metáforas posibles: en la novela *Por la Patria* de Diamela Eltit , el texto del deseo se despliega hacia una metáfora incestuosa que se ofrece como liberadora no sólo en cuanto es alegoría de una propuesta nacional, sino sobre todo, desde mi punto de vista, porque concentra en sí el sistema de prohibiciones al que el texto de la mujer ha estado sometido. En el caso de *Balún Canán* de Rosario Castellanos, como en "La culpa es de los Tlaxcaltecas" de Elena Garro, el texto se abre a la interrogación de una alegoría en la cual lo nacional no es sino un pastiche de exclusiones, el indio, el pobre, la mujer, están excluídos de un proyecto de modernización en que sólo el patriarca participa y que no tiene sentido para el resto, el resto que no es capaz sino de situarse en las márgenes y desandar las barreras que los separan, para simplemente ser, existir, aparecer como presencia culposa que se duele recíprocamente.[90]

Lo singular es que esta escritura de mujeres no se aboga la voz del oprimido ni hace la protesta social tradicional . Se trata en cambio de una atracción no por la antinomia sino por la similitud. Extraña configuración amorfa, que en vez de salir de la sombra hacia la norma, se injerta en la rugosa aspereza de la raza y de la marginación. Estos textos se hacen más complejos en tanto introducen el placer y el erotismo al ofrecer el cuerpo de la mujer como metáfora de la condición del colonizado. El cuerpo es campo de batalla,   cuya capacidad de placer libera a la mujer de la violencia ejercida sobre ella y al mismo tiempo la somete a una textualidad culpable, que la condena a la llaga permanente. Nos referimos a dichas autoras para insertar nuestro trabajo en el contexto de una tradición de la escritura de mujeres latinoamericanas. Por cierto que en Latinoamérica existe también un número de escritoras que ha escrito sin cuestionar los marcos del sistema patriarcal, sin embargo, existe una tradición de escritura - que sólo recientemente se está valorando - en la cual la escritora ha desafiado el estricto canon al que se limitaba su escritura.

En ese contexto entendemos nuestro trabajo; de ese modo podemos ver que los temas que nos ocupan en nuestro trabajo crítico tienen su antecedente en trabajos previos de otras autoras en el continente. Nuestra propuesta de lectura es la de involucrarse en la diferencia y leer desde el borde, desde el espacio marginal(izado) por la cultura dominante y desde allí afrecer un recorrido que plasme la insolencia que contra la norma infringe esta escritura de mujeres que,- en vez de lanzar una bandera o proponer un emblema,- es un texto "who does not move from the wound."[91] Acoger la complejidad de la textualidad de mujeres (latinoamericanas) implica atreverse a leer desde la orilla de la minoría, porque desde allí es que Ferré escribe a su "Isolda en el Espejo", confundida, vacilante, escondida en una otra de sí, y soberbia en su gesto rebelde. La riqueza de esta escritura radica, sobre todo, en la constante tensión que producen las diversas diferencias operando en el texto. La complejidad que asume el conflicto étnico o político, tensionado aquí por el conflicto de género obliga a derrumbar el sistema tradicional de oposiciones binarias. Una textualidad diferente aparece en la escritura de la mujer de Puerto Rico enfrentada al poder, donde la subordinación doméstica se entrecruza con   la vejación a la cual el hombre es sometido por el dominio norteamericano de la Isla.[92]

Lo mismo ocurre cuando un texto como "Mordaza," de Pía Barros, escribe a una prisionera política torturada, cuyo poder está en el placer al que su cuerpo vejado es capaz de acceder, de modo que la textura del deseo se expande para desarmar un sistema de oposiciones que opera en nuestra sociedad moderna.[93] El espacio oscuro y peligroso en el cual deseo y miedo se conjugan es el territorio en el cual se puede desmantelar una diferencia. Texto que se ofrece provocativo a una lectura que no busque su placer en el acto unitario, sino que sea capaz de prolongar su goce diseminado en la erótica del desplazamiento. Sin embargo, recuperar la presencia de lo borrado no hará que el texto pierda la tachadura, ya que queremos mantener una lectura cuya estrategia no sea la de la jerarquización de elementos dentro del texto, aunque para constrastar el peso de lo presente con lo ausente, vamos a poner en el centro de la lectura lo que ha sido dejado afuera.[94]

Queremos leer desde el espacio mismo en que la utopía se derrumba. Frontera misma del dolor y el placer, espacio en el cual se encuentra la excitación de la espera, con la nostalgia de la pérdida . Si hay elementos que los textos de mujeres comparten, estos serían la desilusión y el desarraigo. Si queremos un ejemplo patético, lo podemos tener en "Cuarta Versión" de Luisa Valenzuela, donde es la propia escritura la que se desestructura para cuestionarse a sí misma, es el texto el que no acepta ser ordenado siguiendo los parámetros del discurso progresista (de izquierda) latinoamericano - que es el que en este caso opera como la gran narrativa en curso.[95]

Los textos de Ferré, Barros y Valenzuela forman parte de nuestra lectura de la sexualidad en el discurso político de la escritura de mujeres. En los cuentos referidos, lo político es lo que aparece como texto privilegiado y que nosotros intentaremos leer desde la "otra versión", en el segundo capítulo de este libro. En el tercer capítulo, nuestro intento será hacer lo contrario, es decir, leer el discurso del poder, lo propiamente político, en aquellos textos que se inscriben originalmente en el ámbito de la sexualidad.   Proponemos nuestra lectura como zurcido en la costura, bajo el tramado del poder como sistema de prohibiciones operando frente al incesto en "Hermanos," de Peri Rossi. Del mismo modo que leeremos lo político operando en el gesto lesbiano de "La elegida," de Lillian Helpick. Nuestra lectura se ubicará en el borde aquel en el cual lo público y lo privado se conjuntan para ofecernos un espacio en el cual un asunto como el divorcio deja de situarse en el plano de "lo privado " y se propone ene el gesto público. Este es el espacio propuesto para nuestro tercer capítulo. Por último, en el capítulo final es aquél en el cual trataremos de recoger los aspectos teóricos que ya hemos delineado, pero esta vez, como una propuesta de lectura en el espacio en el cual poder y sexualidad se articulan políticamente, hoy en día, de un   modo particular en la escritura de mujeres en Latinoamérica.

Notas

[1] "Las escritoras latinoamericanas han sido siempre una sombra, personajes no oficialmente invitados a participar en el oficio de las letras. Designadas como "señoras que escriben", ellas son sinónimo de la excentricidad" dice, por ejemplo, Lucía Guerra, "Entre la sumisión y la irreverencia", *Escribir en los Bordes, Congreso Internacional de Literatura Femenina Latinoamericana,1987,* Berenguer y otros, (Santiago: Editorial Cuarto Propio, 1990): 21-27.

[2] La noción de "metáfora" está aquí entendida en un sentido más amplio que el de pura figura literaria (aunque no lo excluye), asumiendo también el hecho de que margen/periferia es una figura que designa una postura subordinada frente al poder en un sistema de desigualdades socio/económicas/políticas y culturales. Margen viene a ser entonces una metáfora en el sentido filosófico que le atribuye Derrida, en tanto origen y producto de un juego de diferencias que se articulan para producir un espacio de lectura, o mejor dicho, provocar la

aparición   de una diferencia. Ver Jacques Derrida, "White Mythology: Metaphor in the Text of Philosophy", *Margins of Philosophy*, Trans. Alan Bass (Chicago: U of Chicago P,1982): 207-271.

[3] Lo dice Lucía Guerra: "La excentricidad de la mujer que escribe va mucho más allá de los límites impuestos por una moral burguesa y sexista. Como sujeto productor de la escritura, ella también está fuera del centro, ubicada en el desfase básico de la asimetría proporcionada por la escritura patriarcal." Lucía Guerra, *Escribir*, 23.

[4] Nelly Richard, *La estratificación de los márgenes: sobre arte, cultura y políticas* (Santiago: Francisco Zegers Editor, 1989): 74.

[5] Jacques Derrida,"La différance," *Théorie d'Ensemble* (Paris: Seuil,1968): 51-52. Citado en su propia traducción por Barbara Johnson, *The Critical Difference* (Baltimore: The Johns Hopkins UP, 1980): xi.

[6] Sidonie Smith, *A Poetics of Women's Autobiography: Marginality and the Fictions of Self-Representation* (Bloomington: Indiana UP,1987): 176.

[7] Ver especialmente Jacques Derrida, "Différance," *Margins of Philosophy*, trans. Alan Bass (U of Chicago P, 1982): 1-29.

[8] Ver Michael Foucault,"The Discourse on Language," *The Archaeology of Knowledge* (New York: Pantheon Books, 1972): 215-237.

[9] Barbara Johnson, *The Critical Difference* (Baltimore: The Johns Hopkins UP, 1980): x.

[10] Johnson lo explica así: "What emerges from these readings is that the constraints and opportunities afforded by gender, race, literary genre, or institutional context, for both writer and reader, can be located neither inside nor outside the texts but are rather affects of the complex dynamism of an interaction. " Barbara Johnson, *A World of Difference* (Baltimore: The Johns Hopkins UP, 1987): 4.

[11] "There was a time when to be "marginal" meant to be excluded, forgotten, overlooked. Gradually, throughout this century, first in the discourses of anthropology, sociology, and psychoanalysis, "marginality" became a focus of interest through which "we" (Western culture) discovered otherness and our own ethnocentric perspectives. *Today, it is declared, the " marginal is no longer peripheral but central to all thought.*[...] By demonstrating that the "marginal" constitutes *the* condition of possibility of all social, scientific, and cultural entities, a new "ethics of marginality" has emerged that is necessarily decentered and plural (214)." George Yúdice,"Marginality and the Ethics of Survival," *Universal Abandon? The Politics of Postmodernism*, ed. Andrew Ross (Minneapolis: U of Minnesota P, 1989): 214-236.

[12] Sin embargo, existe aún la cuestión ética acerca de las políticas con las cuales se enfrenta el discurso del Tercer Mundo. Es sin duda un avance que en la actualidad se enseñen cursos sobre la cultura de las "minorías" en las Universidades   norteamericanas   (African   -   American   Women, Lesbians,Chicana/hispanic, etc) y que en las Conferencias del MLA se abran mesas sobre temas tales como "Postmodernist Criticism and Hispanic Literature Written in the United Stated" o "Writers and Revolution: The Role

of Hungarian Writers in the Political Changes of 1989-90," (Program for the
107th Convention, *PMLA* 106/6 (New York: Nov,1991). Trabajos   que
escriban al Tercer Mundo desde su propia diferencia y que tengan cabida en el
espacio académico norteamericano (y por ende, se pongan en circulación en el
ámbito del "pensamiento de Occidente") son todavía una rara (y preciosa)
excepción. Edward W. Said, *Orientalism,* (New York: Pantheon Books,1978),
Gayatri Spivak, *In Other Worlds,* (New York: Methuen, 1987), Homi Bhabha,
The Location of Culture (New York: Reutledge, 1994) son algunas de las pocas
voces que han podido legitimar su trabajo en el ámbito académico. Nosotros
intentamos escribir desde la autoridad que estos trabajos infringen a la
independencia del pensamiento del Tercer Mundo; toda vez que (todavía) no
existen bastantes voces propias de América Latina que hayan alcanzado un
grado de legitimación que permita abogar su autoridad en el tema de la mujer y
la escritura. Tal vez la excepción sea Octavio Paz, frente a cuyo discurso mi
trabajo opone cierta resistencia.

[13]   Me refiero especialmente al excelente libro de   Francesca Miller, *Latin
American Women and the Search for Social Justice,* (Hanover: UP of New
England, 1991) y a *Women, Culture, and Politics in Latin America,* (Berkeley:
U of California P, 1990), cuyas autoras son: Emilie Bergman, Janet Greenberg,
Gwen Kirkpatrick, Francine Masiello, Francesca Miller, Marta Morello-Frosch,
Kathleen Newman, and Mary Louise Pratt. Este último libro contiene una
Bibliografía de Feminismo Latinoamericano, que es excelente no sólo por el
preciso ordenamiento de la data, sino sobre todo porque refleja un exhaustivo
trabajo de recopilación de primeras fuentes en América Latina en este campo
de estudio, al que por primera vez tiene acceso la crítica norteamericana.
Quiero anotar que, desde mi punto de vista, este trabajo incrementa su valor
sobre todo por su postura ética, que le permite valorar, recoger e incorporar de
modo respetuoso la fuente primera producida en Latinoamérica.

[14]   Julieta Kirkwood (1936-1985) chilena, feminista y socialista, cientista
política y socióloga. Fué investigadora de FLACSO entre 1972 y 1985.
Participó activamente en la creación del Movimiento Feminista chileno, el
Círculo de Estudios de la Mujer, Casa de la Mujer La Morada y la revista
Furia. Participó activamente en los Encuentros de Mujeres Latinoamericanas.
Libros: *Ser Política en Chile: Las Feministas y Los Partidos* (Santiago: Flacso,
1986); *Feminarios,* ed. Sonia Montecino, (Santiago: Documentas, 1987);
Tejiendo Rebeldías, ed. Patricia Crispi (Santiago: CEM-La Morada, 1987).

[15]   Jean Franco, *Plotting Women: Gender and Representation in Mexico,* (New
York: Columbia UP,1989).

[16]   Emilie Bergman, Janet Greenberg, Gwen Kirkpatrick, Francine Masiello,
Francesca Miller, Marta Morello-Frosch, Kathleen Newman, Mary Louise
Pratt, *Women, Culture, and Politics in Latin America* (Berkeley: U of
California P, 1990).

[17]   Bárbara Johnson enfatiza este aspecto en su trabajo y propone: "a move to
reverse the impersonalization and to reintroduce the personal, or at least the
positional, as a way of disseminating authority and decomposing the false

universality of patriarchal   institutionalized meanings." Barbara Johnson, "Deconstruction, Feminism, and Pedagogy," *A World of Difference* (Baltimore: The Johns Hopkins UP, 1987) 44.

[18] Me refiero al hecho de ser yo misma una mujer latinoamericana, que participa del proceso que vive el Movimiento de Mujeres y que además está informada del avance teórico del feminismo en América Latina. Me interesa explicitar la postura desde la que escribo, porque creo que no sólo las motivaciones sino que la escritura misma están marcadas por este hecho.

[19] Este intento nos llevará muchas veces a preferir citar deliberadamente textos de mujeres latinoamericanas, aún cuando hubiéramos podido hacerlo de otros autores.

[20] Piénsese que incluso Barbara Johnson dice que:
'Jacques Derrida may sometimes see himself as *philosophically* positioned as a woman, but he is not *politically* positioned as a woman. Being positioned as a woman is not something that is entirely voluntary' (Introduction, 2)[énfasis en el original]. Barbara Johnson, *A World of Difference* (Baltimore and London: The Johns Hopkins UP, 1987).

[21] Debiera decir: "de *la* subordinad*a, de la* marginad*a, de la* otr*a*," pero el español me fuerza a dejar fuera del texto la presencia que éste más desea.

[22] Barbara Johnson, "Metaphor, Metonymy and Voice" *A World of Difference* (Baltimore: The Johns Hopkins UP, 1987) 170.

[23] Es necesario mencionar aquí el hecho de que en América Latina la necesidad de establecer una división entre el "Feminismo" y el "Movimiento de Mujeres", nace sobre todo de la praxis del movimiento social "real" el cual, dentro de su pluralidad, cuenta con sectores de mujeres organizadas que se resisten a ser llamadas "feministas". La reticencia al término tiene que ver más con un rechazo ideológico hacia la caracterización del feminismo internacional como dominado por las feministas norteamericanas; debido a lo cual, especialmente las mujeres que se identifican ideológicamente con la izquierda más tradicional (marxismo ortodoxo), resisten el término "feminista" en cuanto éste pueda tener de identificación con el "imperialismo " norteamericano. Para un enfoque de esta naturaleza, véase Michéle Mattelart, *La cultura de la opresión femenina,* (México: Serie Popular Era, 1977).
Julieta Kirkwood, sin embargo, realiza la distinción teórica entre el "Movimiento de Mujeres" y el Feminismo, siendo este último, utilizado especialmente para referirse a la teoría, al campo y la disciplina de estudios sobre la condición de la mujer. Se utiliza el término "feminista' indistintamente para referirse a la militante del Movimiento específicamente o a la mujer que, sin militar, se reconoce feminista. Esta última distinción tiene sentido en Latinoamérica, debido a que existe una orgánica del Movimiento Feminista, que constituye el núcleo activo militante y que es el que organiza Encuentros y posee una estructura capaz de convocar tanto a las militantes, como al Movimiento de Mujeres en general. El presente trabajo utilizará el mismo criterio. Ver Julieta Kirkwood, *Ser política en Chile, las feminista y los partidos,* (Santiago: FLACSO, 1985) Cap. I.

[24] Ver, por ejemplo, Jean-Francois Lyotard, "Some of the Things at Stake in the Women's Struggles," trans. Deborah J. Clarke, Winifred Woodhull, and John Mowitt, *Sub-Stance, nº 20* (1978): 9-17.

[25] Jacques Derrida, en entrevista concedida a Cristina Peretti (traductora de Derrida al español). "Feminismo y de(s)construcción," *Revista de Crítica Cultural Nº 3* (Santiago de Chile, 1991): 24-28.

[26] La legítima preocupación de situar teóricamente al feminismo en el ámbito del pensamiento (post)moderno, lleva a Alice Jardine a intentar puntos de contacto entre la teoría feminista francesa y la norteamericana. Su trabajo es sin duda uno de los más abiertos, desprejuiciados y progresistas, sin embargo el feminismo del Tercer Mundo no está presente en su trabajo (ni siquiera en calidad de ausencia, de vacío, de deseo). Para ella "It is henceforth in the dialogue between these text by women in France and those by feminist in the United States that the future of gynesis might begin to be decided - for women". Alice Jardine, *Gynesis, Configurations of Woman and Modernity* (Ithaca: Cornell UP, 1985) 264.

[27] Nos importa también explicitar que concordamos con la aproximación de Toril Moi, al entender que "the radically new impact of feminist criticism is to be found not at the level of theory or methodology, but at the level of politics. Feminist criticism has *politicized* existing critical methods and approaches. If feminist criticism has subverted established critical judgements it is because of its radically new emphasis on *sexual politics*. It is on the basis of its political theory [...] that feminist criticism has grown to become a new branch of literary studies (87)."

[28] Nelly Richard se aproxima teóricamente a este fenómeno cuando se refiere a que "lo femenino así concebido deviene una *marca enunciativa* que moviliza determinadas contraposturas en el proceso de comunicación oficial del sentido dominante: activa en lugar de pasiva, cuestionan en lugar de ratificadora, itinerante en lugar de fija, múltiple en lugar de centrada (50)." Nelly Richard, "De la Literatura de Mujeres a la Textualidad femenina", *Escribir en los Bordes,* Berenguer y otros eds. (Santiago: Editorial Cuarto Propio, 1990): 39-52.

[29] En este punto seguimos concordando con el planteamiento de Richard, entendiendo que "el texto ha dejado de ser una unidad (orgánica o sistémica) que tiene prisionero un sentido definitivo, [de modo que] la búsqueda de lo femenino como fuerza de organización textual no puede consistir en desocultar claves fijas de una femineidad-esencia. (Richard, 51)."

[30] Concordamos con el punto de vista que Barbara Johnson logra en su segundo libro: asumir una postura feminista y no universalizar.

[31] Ver Adriana Muñoz Dálbora, *Fuerza feminista y democracia: Utopía a realizar* (Santiago: Vector/Documentas, 1987).

[32] Ver Rosario Ferré, *Sitio a Eros* (México:Joaquín Mortíz, 1976); Rosario Castellanos, *Mujer que sabe latín* (México: Secretaría de Educación Pública, 1976) y Elena Poniatowska, "Literature and Women in Latin America" (1981)

trans. Sara Castro-Klarén in *Women's Writing in Latin America,* (San Francisco: Westview Press, 1991): 81-87.

[33] Ver, por ejemplo, la entrevista de Evelyn Picon Garfield a Luisa Valenzuela en *Women's Voices from Latin América* (Detroit: Wayne State University, 1985): 143-165.

[34] Me refiero escpecíficamente a Peri Rossi, la que realiza un trabajo experimental en *Solitario de Amor*, (1989), y a Diamela Eltit, que experimenta a nivel de lenguaje en todas sus novelas, especialmente en *Lumpérica* (1984) y *Cuarto Mundo* (1989).

[35] "Relacionado con el tabú social se examina, entre otros asuntos, cómo la escritora se autocensuró (y sigue haciéndolo) a sabiendas de que su labor rompía reglas sociales establecidas. [...] la estudiosa exige relacionar el texto con acciones y preocupaciones humanas, con el fin de descubrir las semejanzas, las discrepancias, lo alterado y lo borrado entre el objeto empírico mujer y los rasgos que los códigos le han impuesto en la literatura". Gabriela Mora, "Crítica feminista: Apuntes sobre definiciones y problemas",*Teory and Practice of Feminist Literary Criticism*, (Michigan: Bilingüal Press, 1982): 2-14.

[36] El Primer Encuentro Feminista Latinoamericano y del Caribe se realiza en Bogotá (Colombia) en Julio de 1981, asisten 250 mujeres. El II Encuentro se realiza en Lima (Perú) en Julio de 1983, asisten 600 mujeres; en 1985 en Sao Paulo (Brasil) se reúnen mil delegadas al III Encuentro Feminista; participan dos mil en el IV Encuentro realizado en México en 1987. En Noviembre de 1990 en San Bernardo (Argentina) se lleva a cabo el V Encuentro Feminista de Latinoamérica y el Caribe, en el que participaron 3.000 delegadas, allí "el espacio feminista se amplía en múltiples coordenadas. No son sólo las militantes de los partidos, o las representantes de los sindicatos. Van mujeres comprometidas con los Derechos Humanos, con las luchas de liberación de Centro América, [conformando] un feminismo de distintos colores y sabores".(16) No se debe olvidar tampoco que existieron cuatro Congresos Feministas celebrados en las primeras décadas de este siglo en Argentina Colombia, México y Puerto Rico. Ver *Mujeres en Acción* Nº 22 (Santiago, Chile: ISIS Internacional,1990).

[37] Gina Vargas y Estela Suárez eds. "Desafios y Propuestas Feministas en el 90", *Mujeres en Acción* Nº 22 (23).

[38] Así lo testifica la poeta chilena Carmen Berenguer al señalar que "la literatura latinoamericana de las más recientes autoras ha sido capaz de presentar, mostrar y revertir esos mecanismos [del poder] mediante una escritura que interroga, cuestiona y señala los soportes de la conciencia femenina. (15) Carmen Berenguer "Nuestra habla del injerto," *Escribir en los bordes,* 13-20.

[39] Lucía Guerra, "Entre la sumisión y la irreverencia", *Escribir en los Bordes,* 21- 27.

[40] Por ejemplo, de Isabel Allende: *De amor y de sombra;* de Elena Poniatowska: *La noche de Tlatelolco;* de Luisa Valenzuela: *Las Armas Secretas, Novela Negra con Argentinos,* y muchas otras.

[41] Fredric Jameson, "Forewords", Jean-Francois Lyotard, *The Postmodern Condition: A Report on Knowledge,* trans. Geoff Bennington and Brian Massumi (Minneapolis: U of Minnesota P, 1984): vii-xxii.

[42] Es necesario acotar que la crítica realizada no es antimarxista. Más bien refleja una revisión de quienes han basado tanto sus estudios como su postura filosófica y política en dichos postulados.

[43] Said explica el concepto gramsciano de "Hegemonía " de la siguiente manera:
"Gramsci has made the useful distinction between civil and political society in which the former is made up of voluntary (or at least rational and noncoercive) affiliations, like schools, families,and union, the latter of state institutions (the army, the police, the central bureaucracy) whose role in the polity is direct domination. Culture, of course, is to be found operating within civil society, where the influence of ideas, of institutions, and of other persons works not through domination but by what Gramsci calls consent. In any society not totalitarian, then, certain ideas are more influential than others: the form of this cultural leadership is what Gramsci has identified as hegemony". Said, 6-7.

[44] Ver Antonio Gramsci, *The Prison Notebooks: Selection,* trans. and ed. Quintin Hoare and Geoffrey Nowell Smith (New York: International Publishers, 1971).

[45] Recordemos que la influencia de Gramsci es grande en la izquierda latinoamericana contemporánea (de los años ochenta, que se define como una izquierda "no tradicional", "renovada", "nueva" y otros epítetos que en definitiva de refieren, en lo teórico, a la idea de una izquierda que - a partir de los "fracasos" de experiencias históricas inspiradas en el marxismo (En América Latina, indudablemente el "fracaso" de la izquierda chilena es factor determinante) - inicia un proceso (doloroso) de revisión del marxismo ortodoxo y se identifica de lleno con la relectura "postmoderna" del marxismo que se hace especialmente en Europa. La experiencia del exilio vivida por miles de intelectuales latinoamericanos influye también en este proceso; sobre todo en aquellos que pudieron vivir o visitar los países gobernados por los "socialismos reales" y comprobaron en terreno las (tremendas) limitaciones de esos sistemas. En todo caso se trata de un proceso muy complejo, cuyo origen se remonta al surgimiento mismo de los partidos "revolucionarios" en Latinoamérica,- sociedad de economía dependiente y con un proceso de industralización tardía e incompleta - cuya"realidad" se mostraba reacia a ser descrita en terminos marxistas ortodoxos. Expresiones de este fenómeno (que no es del caso profundizar aquí) son las grandes disputas al interior de la izquierda acerca del caracter 'revolucionario' de los "trabajadores" en oposición al concepto marxista de "proletario"); la contradicción que trajo al escenario político el surgimiento de los "movimientos sociales" (estudiantes, pobladores, y sin duda, el surgimiento del Movimiento de Mujeres). La temprana (auto)

crítica de la izquierda también explica casos como la famosa carta de los intelectuales cubanos en contra del (reconocido comunista) poeta Pablo Neruda, o el por qué este último cayó en decrédito ante el régimen castrista. Lo que me interesa subrayar aquí es el hecho de que la crítica al marxismo y la revisión teórica es un proceso largo y complejo para la izquierda latinoamericana y que no se trata de una mera adaptación del fenómeno a nivel mundial. También quería apuntar la influencia de Gramsci (habría que estudiar por qué Gramsci más que otros) especialmente en Partidos de izquierda como el Socialista Chileno y el mexicano que apoya a Cuatémoc Cárdenas.

[46] Oscar Guillermo Garretón, *Propuesta Para un Nuevo Chile* (Buenos Aires, La Fragua, 1985) 92-3.

[47] Puedo poner como ejemplo más cercano en la experiencia chilena, el caso del Partido Socialista, que en 1989,- en el momento previo a las primeras elecciones democráticas después de la dictadura - se unificó con otras corrientes, laicas y cristianas y dió origen al Partido Por la Democracia (PPD), el que se definió por cuestiones programáticas y obtuvo un 27% de la votación parlamentaria. Ver *APSI* nº 143, (Santiago, 1990). La historia del PPD - y la posterior separación del Partido Socialista - debiera ser estudiada, pues es de mucho interés para esta tema.

[48] Es indudable que este es un tema tremendamente importante ne la actual conversación sobre la democracia que se está produciendo en América Latina. Especialmente el algunos países - por cierto Cuba, Nicaragua, Chile, pero también México, Uruguay, y otros - la herencia marxista es indudable y las relaciones sociales - el estado tanto como el movimiento sindical- está impregnado de prácticas que provienen del pensamiento marxista. La necesidad de adaptarse a otras circunstancias se ha puesto a prueba recientemente con ocasión del proyecto NAFTA y la incorporación de México y posiblemente Chile al tratado de Libre Comercio con USA y Canadá. En Chile, la postura del movimiento sindical - aún cuando está lidereado por la Democracia Cristiana - ha seguido la dinámica tradicional del movimiento obrero chileno de fuerte tradición socialista. Sin duda que uno de los puntos cardinales para esta discusión es la postura respecto a la función del partido político. Derrida explora este punto más allá de las revisiones de Gramsci. Ver especialmente pp. 102 y ss, en Jacques Derrida, *Specters of Marx. The State of the Debt, the Work of Mourning, & the New International* , trad. Peggy Kamuf, (New York: Routledge, 1994).

[49] Como plantea Edward Said;"A powerful series of political and ultimately ideological realities inform scholarship today. No one can escape dealing with, if not the East/West division, then the North/South one, the have/ have not one, the imperialist/anti-imperialist one, the white/colored one. We can not get around them all by pretending they do not exist; on the contrary, contemporary Orientalism teaches us a great deal about the intellectual dishonesty of dissembling on that score, the result of which is to intensify the divisions and make them both vicious and permanent (327)." Edward Said, *Orientalism,* (New York: Pantheon Books, 1978).

Me gustaría agregar también que la mayor parte de estos pensadores - que pertenecen a la academia francesa - o no son franceses originalmente (Derrida, Kristeva, Cixous) o su orientación sexual los marca como diferentes (Cixous, Barthes, Foucault), de modo que puede decirse que, de algún modo, están hablando "desde la diferencia," a pesar de pertenecer a la academia. Por cierto que este asunto no es parte de nuestro trabajo, pero tal vez sirva como un aparte que hace más complejo el tema de la dependencia en términos culturales, especialmente en el caso de Latinoamérica; o por lo menos para traer a colación el hecho de que el asunto ético de la dependencia ideológica en la sociedad contemporánea es un tema mucho más difícil de dilucidar, y lo es tanto en Estados Unidos y en Europa, como lo es en el Tercer Mundo.

[50] Nelly Richard, "Latinoamérica y la Post- Modernidad", *Revista de   Crítica Cultural Nº3* (Santiago de Chile, 1991):15-19.

[51] En la escritura de mujeres con que trabajamos, pareciera que las autoras hubieran seguido la estrategia que delinea Lyotard cuando dice que "it is our business not to supply reality but to invent allusion to the conceivable which cannot be presented. And it is not to be expected that this task will effect the last reconciliation between language games (which under the name of faculties Kant knew to be separated by a chasm) and that only the transcendental illusion (that of Hegel) can hope to totalize them into a real unity. But Kant also knew that the price to pay for such an illusion is terror. The nineteenth and twentieth centuries have given us as much terror as we can take (81)." Jean-François Lyotard, *The Postmodern Condition: A Report on Knowledge*, trans G. Bennington and B. Massumi (Minneapolis: U of Minnesota P, 1984).

[52] Adriana Muñoz Dálbora, *Fuerza feminista y democracia: utopía a realizar* (Santiago: Vector/Documentas, 1987) 43.

[53] Nos interesa mencionar que utilizamos el término "Tercer Mundo" en préstamo y con un sentido práctico, dado que consideramos que es un término acuñado desde los centros de poder y que habría que cuestionar.

[54] Ver Adolfo Sánches Vázquez, "Posmodernidad, posmodernismo y socialismo" en *Casa de las Américas 175* (1989). Acerca de la posición del profesor Osorio, me baso en las citas que de su discurso hace George Yúdice en "¿Puede hablarse de postmodernismo en... " ya citado, (106) y en que he tenido ocasión de escuchar personalmente los planteamientos del profesor Osorio, durante la visita que realizó a la Universidad de Oregón en 1988.

[55] Puedo poner como ejemplo la manera acelerada en que Chile se ha incorporado a la producción del Software, tanto así que en 1991 fue una enpresa privada chilena la que ganara el premio del año de Apple Macintosh.

[56] Como ejemplos cercanos puedo nombrar en los años ochenta, la producción en serie de la llamada "bomba de racimo" que produjera en Chile la Empresa Cardoen, que funcionaba con capitales mixtos, nacionales y norteamericanos. Dichas bombas fueron vendidas a Irak antes de la Guerra del Golfo. En la actualidad hay una investigación pendiente en el Congreso norteamericano al respecto , en un caso que compromete tanto a parlamentarios norteamericanos como a epresarios chilenos.

[57] Ver Fredric Jameson, "Third-World Literature in the Era of Multinational Capitalism," *Social Text 15* (Fall, 1986): 67- 85.

[58] Sorpresivamente, no existen muchos estudios al respecto. Los estudios realizados en Chile a fines de los años ochenta fueron muy criticados por "estar contando el número de pobres". Se estima que Chile, con 14 millones de habitantes, posee 5 millones de "pobres", que en realidad caen más abajo de la línea de "pobreza", la cual es determinanda por un tipo de ingresos mínimos, que permiten a la familia comer, vestirse y educarse. Ver Alejandro Foxley, *Latin American Experiments in Neo- Conservartive Economics.* (Berkeley: U of California P. 1983).

[59] George Yúdice critica esta posición, sobre todo considerando el hecho de que Jameson elabora este aparte teórico fuera de la lógica con que ha operado su propia elaboración en torno al postmodernismo, llegando a sacar conclusiones que, según Yúdice, son "inaceptables." Comparto del todo la crítica a este tipo de lectura de Latinoamérica, sobre todo en tantoLa aseveración de que todo texto del Tercer Mundo sea necesariamente una alegoría de lo nacional y que esa alegoría esté a flor de la lectura, en contraste con los textos del primer mundo en los que las alegorías son inconscientes debido a la mayor complejidad y abstracción de su situación cultural, esta aseveración [dice Yúdice] sólo puede provenir o del privilegio que otorga Jameson al lector del tercer mundo (considerándolo más perspicaz que el del primer mundo) o de la condescendencia con que mira a un lector que ingenuamente reduce lo "real" del capitalismo tardío a una lucha nacional conforme a mapas cognitivos en desuso desde la perspectiva postmoderna (117)." Yúdice, George, "¿Puede Hablarse de Postmodernidad en América Latina?." *Revista de Crítica Literaria Latinoamericana* 29 (1989): 105-128.

[60] Ver Jean Franco, *Plotting Woman: Gender and Representation in Mexico* (Columbia UP, 1989) Existen también otros trabajos que utilizan esta lógica en relación a la literatura de mujeres del tercer mundo, por ejemplo, ver Susan Willis, "Histories, Communities, and Sometimes Utopia," *Feminisms: An Anthology of Literary theory and criticism e*d. by Robyn R. Warhol and Diane Price Herndl (New Jersey: Rutgers UP, 1991): 815-836.

[61] Sobre este tema ver Lyotard, (65)En cuanto a Latinoamérica, conviene ver el planteamiento que hace F. Jameson en "El Postmodernismo o la lógica cultural del capitalismo tardío", *Casa de las Américas, 155-156* (1986).

[62] Me refiero, por supuesto a los enormes desmanes callejeros ocurridos en la ciudad de Los Angeles en Mayo de 1992, con ocasión del veredicto judicial del caso R. King, el negro del cual existía un video del momento en el cual era golpeado por los policías. (referido cómunmente como "the Los Angeles riot").

[63] De modo que seguimos concordando con la noción de Lyotard, quien señala que "we have paid high enough price for the nostalgia of the whole and the one, for the reconciliation of the concept and the sensible, of the transparent and the communicable experience. Under the general demand for slackening and for applasement, we can learn the mutterings of the desire for a return of

terror, for the realization of the fantasy to seize reality. The answer is: let us wage a war on totality; let us be witnesses to the unpresentable; let us activate the diferences and save the horror of the name (Lyotard, 82).

[64] Luisa Valenzuela, "Cuarta versión," *Cambio de armas,* (Hanover: Ediciones del Norte,1982): 3.

[65] Una versión breve de esta parte del capítulo fue publicada en forma de un artículo con el mismo título en la *Revista Chilena de Literatura #42* (1993).

[66] Julieta Kirkwoood, *Ser Política en Chile: Las Feministas y los Partidos* (Santiago: FLACSO, 1986): 198.

[67] Cuando digo "narraciones maestras" estoy usando el término que usa J. J. Brunner para decir en castellano lo que Lyotard llama"narratives"(of legitimation) y que también nombramos en este trabajo como"metarrelatos" "grandes narrativas". Para el concepto, ver : José Joaquín Brunner, "Notas sobre la modernidad y lo postmoderno en la cultura latinoamericana", en *David y Goliat 17, 52* (Setiembre de 1987) y Jean-François Lyotard, *The Postmodern Condition: A report on Knowledge,* trans. Geoff Bennington and Brian Massumi, Prologue by F. Jameson (Minneapolis: U of Minnesota P, 1984).

[68] Alice Jardine, *Gynesis, Configurations of Woman and Modernity* (Ithaca: Cornell UP, 1986): 24.

[69] Kirkwood, *Ser política,* 202.

[70] Rosario Ferré, "Cuando las mujeres quieren a los hombres", *Papeles de Pandora,* (México: Editorial Joaquín Mortiz, 1976).

[71] Para un análisis de este tema en Ferré, ver María Inés Lagos-Pope, "Sumisión y rebeldía: el doble o la representación de la alienación femenina en narraciones de Marta Brunet y Rosario Ferré", en *Revista Iberoamericana 51* (1985): 731-49.

[72] Ver Roland Barthes, *El Placer del Texto. Lección Inaugural* (México: Siglo XXI, 1985).

[73] José Joaquín Brunner, "Notas sobre la modernidad y lo postmoderno en la cultura latinoamericana", en *David y Goliat 17, 52* (Septiembre de 1987): 33-44.

[74] Gabriela Mistral, *Poema de Chile* (Santiago: Pomaire, 1967).

[75] Ver el provocativo ensayo sobre *Poema de Chile* que Mary Louise Pratt incluye en "Women, Literature and National Brotherhood", en Bergmann, Greenburg et al. , *Women Culture and Politics in Latin America* (Berkeley: U of California P, 1990): 48-73.

[76] Respecto a este tema ver Liliana Trevizán, " Deshilando el mito de la maternidad", en *Una palabra Cómplice : Encuentro con Gabriela Mistral* (Santiago: ISIS/ La Morada, 1990): 27- 35.

[77] Gabriela Mistral, "La copa", *Tala* (Buenos Aires: Sur, 1938).

[78] Brunner, Notas, 33.

[79] Octavio Paz, "El Romanticismo y la poesía contemporánea", en *Vuelta 11, 127* (Junio, 1987) 26.

[80] George Yúdice, ¿Puede Hablarse de Postmodernidad en América Latina?", en *Revista de Crítica Literaria Latinoamericana 29* (1989) 118.

[81] Lyotard, 79.

[82] Ver Angel Rama, *La ciudad letrada,* sobre el sincretismo en la cultura latinoamericana. Sobre la   discusión acerca de la legitimidad de la cultura "rockera" en la Latinoamerica, Ver J. J. Brunner, en *David y Goliat 17.*

[83] Josefima Ludmer " Tretas del débil", *La sartén por el mango* P. Gonzalez y E. Ortega eds. (Río Piedras, Puerto Rico: Ediciones Huracán, 1985):47-55.

[84] Ver Michael Foucault,"The Discourse on Language," *The Archaeology of Knowledge* (New York: Pantheon Books, 1972): 215-237.

[85] Barbara Johnson, *A World of Difference* (Baltimore: Johns Hopkins UP, 1987): 4.

[86] Johnson, *A World.* 4.

[87] Johnson, *A World,* 170.

[88] Me refiero a *Tala,* de Mistral, *Oficio de Tinieblas* y *Balún Canán,* de Castellanos, *Los circulos* de Fugellie, *La semana de colores* de Garro, por ejemplo. Y *Lumpérica, Cuarto mundo, Por la Patria, Vaca sagrada,* de Eltit.

[89] Ver Jacques Lacan, "God and the Jouissance of the Woman", en *Feminine Sexuality: Jacques Lacan and the Ecole Freudienne,* Juliet Mitchell y Jacqueline Rose eds. (New York: Pantheon, 1982): 137- 148.

[90] Para un valioso estudio de la narrativa de mujeres en México y una interpretación que sigue el modelo de alegoría nacional, para ponerlo en juego con la escritura de mujeres, ver Jean Franco, *Plotting Women: Gender and Representation in Mexico,* (New York: Columbia UP, 1989).

[91] La frase es de Cixous, a propósito de *A hora da estrela,* de Clarise Lispector. Ver Héléne Cixous, *Reading with Clarice Lispector,* ed. and trans. Verena Andermatt Conley (Minneapolis: U of Minnesota P, 1990): 144.

[92] Me refiero a "Isolda en el espejo", en Rosario Ferré, *Maldito Amor* (México: Nueva Imagen, 1986).

[93] Me refiero a "Mordaza", en Pía Barros, *A Horcajadas* (Santiago: Mosquito, 1990).

[94] George Yúdice,"Marginality and the Ethics of Survival," *Universal Abandon? The Politics of Postmodernism,* Andrew Ross, ed. (Minneapolis: U of Minnesota P, 1989): 214-236.

[95] Luisa Valenzuela , *Cambio de Armas* (Buenos Aires, 1982).

CAPITULO 2

Una lectura de la sexualidad en el discurso político

En este capítulo intentamos leer la escritura producida por la mujer latinoamericana - en los años ochenta- a partir de un nudo que nos parece muy sugerente: el nudo en el que la sexualidad se conecta con el discurso político, específicamente en las aristas que conforman la figura de las mujeres latinoamericanas.[1] Para tal efecto hemos elegido realizar una lectura textual de "Cuarta versión,"[2] de Luisa Valenzuela, "Mordaza" de Pía Barros[3] e "Isolda en el espejo" de Rosario Ferré,[4] ya que en los tres, la primera lectura nos pone frente a una narrativa que denuncia la situación política latinoamericana. Los tres están muy lejos de pertenecer a la literatura de propaganda, ya que son textos muy complejos, y no sólo de gran valor estético, sino además con una sofisticada preocupación por la técnica y la crítica literaria. Los asuntos que estos cuentos presentan son no obstante, directamente políticos: los asilados (Valenzuela), la tortura a los prisioneros políticos (Barros) y la subordinación del puertorriqueño frente al dominio norteamericano (Ferré).

Nuestra lectura crítica se interesa en mostrar el modo en el cual el discurso político se entrelaza en estas narraciones con un discurso de género, cuyo derrotero más evidente es la particular expresión de la sexualidad.[5]La política y el poder se articulan aquí con el erotismo, el cuerpo y el deseo. Frente a esto, nuestra lectura se propone en aquel espacio oscuro y sugerente en el cual la diferencia se expone como tal, en un texto que frecuentemente se enmascara, a fin de poder, al menos por la puerta más angosta, - la del margen- entrar en los circuitos de comunicación del discurso. De hecho, nuestra lectura pretende leer estos cuentos en el velado espacio de la diferencia, en aquél texto otro que se escribe a contrapelo del texto ortodoxo que se deja leer en un primer nivel de lectura.[6]Entendemos que es en ese "otro" texto que la escritura de mujeres se instala en una tradición diferente, que es la historia de textualidad de mujeres, la cual ha estado velada hasta hace muy poco. Desde nuestra perspectiva es evidente que, como señala Elaine Showalter, "this tradition surfaces [...] in those places where criticism has hitherto found obscurities, evasions, implausibilities, and imperfections."[7]

Nos atenemos básicamente al modelo que Gilbert y Gubar han llamado del "palimpsesto," y que supone que "women's fiction can be read as a double-voiced discourse, containing a "dominant" and a "muted" story."[8]De modo que trataremos de leer no sólo la llaga expuesta, sino también el texto del deseo en un espacio que se presenta resbaladizo. El complejo tramado de prohibiciones que rodea la sexualidad es la cadena más poderosa que se cierra frente a la escritura de la mujer, y creemos que esas prohibiciones siguen vigentes en en el texto de la mujer latinoamericana. Por lo tanto, es primordial intentar una lectura respecto a la forma en la cual las mujeres han logrado tejer un discurso diferencial, en las aristas de la textualidad más progresista y liberal, que en América Latina es el espacio de las izquierdas, lugar en el cual la escritura de mujeres de los ochenta ha encontrado cierto nivel de seguridad para poder decir un texto de mujer. No obstante, el sistema de prohibiciones de orden sexual se mantiene - aunque se haya flexibilizado- debido a lo cual estamos de acuerdo con Amy Kaminsky[9] cuando propone que:

> Feminist scholarship needs to retain the notion of sexuality as a key to gender hierarchy and therefore as a site of oppression, without pushing women back into the little corner in which they are nothing but sex and have nothing to say about anything but sex. For though self-critical feminist theory has in recent years incorporated into its

analysis the specificities of class, race, and nationality that inform the shape of oppression of women, in most feminist accounts, sexuality remains a constant of women's subordination. (xiii)

Desde principios de siglo, sin embargo, las mujeres latinoamericanas - como las de otras latitudes- han ideado 'tretas' para sortear las prohibiciones y han articulado sus decires colados por la rendija que abrió el discurso freudiano al permitir que la textualidad del deseo se exprese a través de los sueños sin (tanta) censura, [10]. Así, escritoras de los años cincuenta, como María Luisa Bombal, utilizaron el discurso vanguardista, especialmente elementos del surrealismo con sus rasgos oníricos, para incorporar en su escritura los elementos eróticos que les estaba negado expresar por el hecho de ser mujeres.[11]

Este capítulo juega con la noción de que a partir de los años ochenta, la escritura de mujeres en Latinoamérica ha enmascarado la expresión de su sexualidad en el discurso político. O, visto desde otro lado, nosotras hemos privilegiado una lectura que quiere leer el erotismo del texto que ha sido borroneado en aras de producir un texto políticamente correcto. Nuestra pregunta la provoca una textualidad represiva que permanece aún después de haber escrito la muerte/la represión/la tortura /el exilio y, sin embargo sigue presente cuando se trata de escribir la mujer, su deseo, su placer y sus insatisfacciones.

Observamos que, si bien es cierto que el texto latinoamericano se ha abierto para que la mujer escriba el mundo, se continúa restringiendo que la mujer se escriba a sí misma. y la presencia le está negada en su propio texto. De algún modo, todo lo que se refiere a la expresión de su sexualidad ha de quedar fuera o bien debe someterse a una textualidad autocensurada para producir un discurso políticamente aceptable a los ojos de la intelectualidad, la crítica y la docencia, campos tradicionalmente masculinos que, aunque son los más liberales de la sociedad latinoamericana, todavía se resisten a aceptar la especificidad del discurso de la mujer.[12]

Una de las razones tal vez sea la que apunta Kaminsky cuando señala que "in the Latin American left there is a profound distrust of feminism, which is often characterized as just another manifestation of U.S. cultural imperialism."[13] Lo que tal vez sea cierto, pero para ser justo hay que, primero, enfatizar el hecho de que la derecha es totalmente antifeminista y que tanto en el Centro como en la Izquierda es posible encontrar sectores afines y sectores reacios al cambio. Habría que tener en cuenta también que es precisamente en el seno de la izquierda en donde surge el feminismo, especialmente entre las mujeres militantes de la izquierda no tradicional, o digamos en los sectores menos ortodoxos de la izquierda no comunista,[14] que vivieron un profundo proceso de autocrítica, como ya señalamos en nuestro primer capítulo. Los temas básicos de esta discusión se centraron en torno al rol de la sociedad civil en el proceso de cambios, la autonomía de los movimientos sociales y la necesidad de encontrar nuevas formas (no -autoritarias) de hacer política.

Como apunta Patricia Chunchryk:

> New concepts of politics and political activity, the reconceptualized articulation between political parties and social movements, as well as the daily practical struggles to create a viable opposition to the military, have played an important role in the emergence, growth, and development of a feminist democratic politics.[15]

A pesar de que existe una historia interrumpida (e invisible) del movimiento de mujeres - que puede rastrearse desde comienzos de siglo en el sufragismo- fue en la segunda mitad de la década del setenta y en medio de esta discusión que el feminismo empezó a florecer, por supuesto entre las mujeres primero, pero con algún nivel de repercusión en las estructuras partidarias y culturales después.

De modo que la aseveración de Kaminsky, al señalar que en la izquierda hay una profunda desconfianza hacia el feminismo, es sólo parcialmente correcta, debido a que no toma en cuenta el proceso vivido por las propias mujeres "de izquierda," que se hicieron feministas y que convergieron en el movimiento de mujeres, aportando allí también su "cultura" de izquierda. Muchas de ellas ni siquiera dejaron de "militar" en los partidos, viviendo lo que ellas mismas llaman "la doble militancia," fenómeno que es discutido en nuestro trabajo crítico en más de una oportunidad y al que Julieta Kirkwood dedica gran parte de sus estudios. De modo que las relaciones entre las mujeres y la izquierda es compleja, ya que las mujeres "as new [political] subjects, tend to have difficult relations with traditional political parties, including the parties from the Left "(Sarlo, 241). Finalmente, la propia Kaminsky parece reconocer este factor cuando menciona el hecho de que existe una producción académica feminista bastante abundante, proveniente de quienes ella llama "feminist writers grounded in Marxism," caracterización que, al referirla a Latinoamérica, habría también que distanciar de lo que en Norteamérica se entiende como "crítica marxista" y también de lo que se llama "feminismo radical o socialista," en Norteamérica.

Lo que no se puede negar, y en eso Kaminsky tiene absoluta razón, es el hecho de que el texto de la mujer es en América Latina un espacio conflictivo, cuya trama se esfuerza por salir a la luz, a pesar del tejido que se le sobreimpone, ya sea éste ideológico, filosófico, político o de corrientes artísticas en boga. Beatriz Sarlo apunta muy exactamente a la necesidad del elemento "disfraz" en el discurso de las mujeres, describiendo el fenómeno del siguiente modo:

> Women battled against this hierarchical code and, into the margins of what would be "normally" accepted, managed to slip topics, preoccupations, and twists of discourse, forcing the limits that defined the feminine subject and the feminine space. In fact, writing their history through their private stories, writing in plural under the appearance of the singular, women occupied with their voices marginal and not so marginal places in the cultural sphere. <u>Disguise</u> was often their attitude and their resource. Not only did they sign under masculine pseudonyms, but they also pretended to speak from a "proper" and accepted position, at the same time striving to modify the laws that defined the limits of the appropriate.[16](el énfasis es mío)

Insistimos en lo anterior porque escrituras como las de Valenzuela, Peri Rosi y Barros, se entienden mejor si tenemos en cuenta el contexto de la década del ochenta, momento en el cual el movimiento de mujeres en su conjunto es la expresión del debate entre "la política y el feminismo" en las múltiples organizaciones y grupos de mujeres en Latinoamérica.

Sabemos que en la primera mitad del siglo XX la mujer latinoamericana se escribió en las aristas de 'la loca.' La metáfora de la mujer loca fue utilizada por Gabriela Mistral en los poemas que más directamente se refieren a la condición de las mujeres; tal vez el poema más famoso de Juana de Ibarburu se refiere también a una mujer loca que corre por las calles imaginando cosas,[17] otras mujeres que escribieron en esa época fueron a menudo criticadas por ser excéntricas, poco convencionales, "locas." De modo que en América Latina existe toda una tradición que relaciona a las mujeres que escriben con la locura; así la "loca," es también una figura que la crítica feminista reivindica y con la cual las mujeres latinoamericanas se identifican. Se trata aquí de la "loca criolla" como la llama Sara Castro.[18] En ese sentido, es claro que los textos con los que trabajamos aquí desafían al discurso autoritario que borra a la mujer, ya sea porque la dice musa, la escribe madre o porque la designa compañera.

En ese gesto rebelde, la escritura de los ochenta todavía conserva rasgos de la loca, la esquizofrénica, la que no es capaz de estructurar un discurso unitario distintivo, de modo que se dice en el fragmento, en el retazo, con el cual el texto resulta ser una arpillera.[19]No es de asombrarse entonces que en los textos de los ochenta la loca se haya vuelto militante, de las izquierdas, por supuesto, sin embargo, sigue siendo la loca: es que su militancia es el afuera de su circunstancia, es que la militancia la borra y la insulta, exigiéndole a cada paso que sea lo que no es. El partido es un espacio conflictivo en el cual se participa sincera y honestamente; el intento de escribirse mujer en ese espacio expresa también la necesidad de legitimación del sujeto mujer hablante desde/ en la política. [20]Y, sin embargo, ese espacio es legítimamente asumido también como rendija, estrecha tal vez, pero apertura al fin, en la cual se puede, se intenta, se lucha por escribir el texto propio. Así es que las locas de siempre se hicieron militantes, se creyeron militantes, o se disfrazaron de militantes y no faltaron a ninguna reunión/ a ningún punto/pegatina/rayado/mitín relámpago/grupo de estudio/ comité de resistencia/ panfleteo/acuerdo/ comité de base.[21]

Consciente de la necesidad de encontrar un espacio desde el cual articular su discurso, aquí "la subversión, la inscripción de lo suprimido, la visión histórica que propone la otra visión, la visión negada del ser como sujeto, organiza la escritura, se manifiesta en estrategias de escondite, disimulos que dan lugar a laproducción de palimpsestos."[22] Es precisamente el palimpsesto lo que nos interesa seguir en estos textos. Nuestra proposición de lectura parte de la noción de que en la década del ochenta, la escritura de mujeres establece - en Latinoamérica- una relación muy significativa con la historia del movimiento de mujeres.[23]

Si el feminismo de los ochenta adquirió rasgos tan "militantes" en algunos países de Latinoamérica, fue precisamente porque la gran mayoría de sus adherentes eran mujeres con diez o quince años de militancia en los partidos de izquierda, que participan de un proceso largo y doloroso de toma de conciencia de su condición de mujer. [24]

La década del ochenta fue sin duda la época de la "doble militancia," para el movimiento de mujeres, había que "militar" en la política y 'militar" en el feminismo, de una u otra manera este fue un conflicto que cruzó el movimiento de mujeres en una dinámica que se expresó tanto a nivel institucional, como político, e incluso personal; tanto en espacios regionales, nacionales y en el feminismo continental. Por supuesto que esto se dió de una manera compleja y revistiendo particularidades diversas, que ponían el acento en uno u otro de los términos. Para algunas (instituciones, grupos, personas, países) fue el espacio político el que fue invadido por el feminismo, para otros, el feminismo se amplió a costa de dejarse teñir por las fuerzas políticas. Hay momentos en que ambas manifestaciones del trabajo político de las mujeres aparecen como una disyuntiva ante la cual las mujeres deben elegir, hay otros momentos - los más- en que los elementos (léase mujeres en concreto) de ambos sectores se confunden y no sólo actúan sino que reflexionan en conjunto, con diversos acentos si se quiere, produciendo a la postre una textualidad que puede leerse como un movimiento de mujeres con especificidad latinoamericana. Nos parece que esas mujeres que vivieron personalmente lo que se llamó la "doble militancia" concentran en su propio cuerpo la caracterización del texto de la mujer latinoamericana de los ochenta. Con la misma pasión con que se lucha por dar fin a las dictaduras militares, se aboga por terminar con el machismo a todo nivel. Quizás sea decidor reproducir aquí la consigna que las mujeres vocearon durante años en Chile y se repitió luego en otros países: "Democracia, en el país y en la casa."[25]

Entre las múltiples organizaciones que convergen en lo que llamamos "movimiento," hay una gran diversidad: por un lado están las organizaciones que surgen como consecuencia de la represión, como las Madres de la Plaza de Mayo y la Agrupación de Familiares de detenidos-desaparecidos; por otro lado están las organizaciones de subsistencia: los talleres, las arpilleristas y todo tipo de grupos que luchan por resolver problemas locales específicos, reunidas en comités, ollas comunes, bolsas de cesantes, de sin casa, de tomas de terreno y muchas otras. Por otro lado están las mujeres militantes de los partidos de izquierda que tienen una dinámica propia y una manera específica de insertarse en el movimiento. Pero también están las organizaciones propiamente feministas, las que de una u otra manera se definen a sí mismas a partir de su lucha específica para producir un cambio en la condición de la mujer en nuestra sociedad,éstas últimas son las que dan origen a un sinnúmero de equipos de estudio, grupos de conciencia, revistas, programas de radio (la televisión era entonces manejada exclusivamente por la dictadura), seminarios, paneles, discusiones, conferencias, encuentros regionales, nacionales e internacionales.

Quizás lo más significativo es que todas estas organizaciones se vincularon entre sí, sin por ello perder la identidad propia. Además, una de las mayores riquezas del movimiento es que los límites dejaron de ser tan claros y hubo muchos momentos en los cuales no se estaba segura a qué grupo se pertenecía. Fue sin duda un proceso complejo, lleno de dificultades, avances y retrocesos, pero que en definitiva dió cuerpo a un genuino movimiento social y dejó una huella en la sociedad latinoamericana.

El grupo que usa el nombre de "Movimiento Feminista" en muchos países latinoamericanos es sin duda la expresión más definida y orgánica del "movimiento" entendido como el "movimiento social" que surge en los ochenta. El Movimiento Feminista es también el que ha sido capaz de articular redes de comunicación entre las diversas organizaciones de mujeres, tanto al interior de cada país, como dentro del continente. Es importante destacar el rol que le cupo a las Naciones Unidas, al declarar el Año Internacional de la Mujer y luego la Década de la Mujer, así como al promover la firma de la Carta por la Eliminación de Todas la Formas de Discriminación en Contra de la Mujer," para que sea firmada por todos los gobiernos del mundo.[26]

El Movimiento Feminista es entonces una parte mínima, - aunque muy significativa - del movimiento de mujeres, que ha sido capaz de permear el discurso del movimiento con una propuesta de género y además ha mantenido una opción feminista amplia y unitaria que va más allá de las oposiciones de clase o de partidos políticos.[27]

El resultado del Movimiento de Mujeres en América Latina dependerá del impacto que en el largo plazo ejerza sobre la sociedad en su conjunto. Es interesante constatar que:

> In the 1970's, few would have predicted the emergence of a feminist movement in Latin America, and fewer still would have expected the women's movements in the region to be an important political factor to the reestablishment of democratic institutions. Today, these movements have made a permanent mark on political and social history in their countries, and serve as a source of inspiration for women who are struggling for a role in politics and creating democratic transitions elsewhere in the Third World. (Jaquette, 207)

Es indudable que la participación política y en particular el espacio del partido político es tremendamente contradictorio para las mujeres en América Latina. Bajo las dictadura esas contradicciones se acentuaron, debido tal vez a las condiciones peculiares que la militancia debió asumir, sobre todo en relación a su ejercicio en la clandestinidad y a la reestructuración de funcionamiento orgánico, en el cual, de alguna manera el partido pasó a tener rasgos de "espacio privado" y las mujeres pudieron desarrollarse y crecer allí más fácilmente que en los tiempos de democracia. Muchos factores facilitaron el crecimiento de las mujeres en los partidos progresistas: en primer lugar la represión ejercida contra los hombres en primer lugar y la cultura latinoamericana que obliga(ba) al hombre (incluso a los militares) a ser deferentes con la mujer en espacios públicos, pero también el hecho de que muchas tareas tediosas y antes insignificantes (léase "domésticas") fueron necesarias para mantener la sobrevivencia de la estructura partidaria. Por lo demás, la prohibición de participación política de los opositores en la vida pública, hacía que estas tareas fueran riesgosas y necesitaran estar siempre apoyadas en el trabajo minucioso, sincronizado y eficiente de un equipo clandestino. La tarea cotidiana adquirió importancia, debido a que el espacio público pasó a ser ilegal, y lo doméstico, cotidiano había sido siempre ocupado por las mujeres al interior de los partidos. Por otro lado, los contenidos del discurso progresista cambiaron de foco y pasaron desde las discusiones acerca de la viabilidad de modelos globales de sociedad, al diseño de estrategias de sobrevivencia y de debilitamiento de las fuerzas del enemigo común, que era la dictadura. El tono idelógico de las discusiones fue sustituído por una conciencia profunda de la crisis de los discursos globales y la búsqueda de políticas pragmáticas que resultaran ser eficientes para conseguir objetivos concretos. Durante los años que duraron las dictaduras, la política se convirtió en una actividad que implicaba más riesgo y trabajo cotidiano que grandes discursos y lucimientos personales. Tal vez estas condiciones influyeron para abrir un espacio para que las mujeres militantes reflexionaran acerca de su propia condición, para permitir su mayor participación en el espacio político y el crecimiento del nivel de conciencia y organización de las mujeres. Estas condiciones permitieron también que el proceso crítico se acentuara después de experimentar en carne propia el hecho de que "... in contrast to the open dynamics of social movements, Latin American political parties appear elitist, hierarchical, and socially conservative."(Jaquette, 206)

La escritura de mujeres también da cuenta de que ser mujer y ser de izquierda, representa un dolor muy específico en América Latina: vivir la violencia fuera y también dentro de la casa. El espacio del hogar fue el único refugio para muchos cuando la vigilancia reinaba en las calles, los lugares de trabajo y en los sitios públicos. Para las mujeres, la casa dista mucho de representar un espacio de libertad, por el contrario, en el mejor de los casos es un espacio de servicio a la familia, el círculo del encierro que ahoga y que las separa del mundo; para muchas mujeres la privacidad de su dormitorio significa la neurosis de la aceptación y la pasividad/ cuando no la experiencia directa de la violencia y del horror.

A pesar del movimiento y a pesar del feminismo, todavía la represión hacia la mujer se articula especialmente en la borradura que sobre la sexualidad de la mujer hace el discurso dominante. Según Foucault, el ejercicio del poder que implica cuestionar la sexualidad del otro, provoca placer en el que lo ejerce, creando así un mecanismo que está en la base del funcionamiento institucional tal como lo conocemos. De modo que cuando la mujer se atreve a hablar de su propia sexualidad está cuestionando un elemento básico del poder y al mismo tiempo está ejercitándolo. Cuando la mujer escribe su orgasmo escribe también el cuestionamiento al poder del otro sobre su cuerpo, porque desconstruye el discurso masculino que ha nombrado el placer de la mujer a partir de una erótica masculina. Los textos de mujeres evidencian que la sexualidad femenina es diferente y que tiene muy poco que ver con la que la fantasía falocéntrica ha concebido. La escritura de la mujer pone de manifiesto la complejidad erótica del cuerpo femenino y sobre todo, hace evidente que la experiencia del placer en la mujer no está (necesariamente) relacionada con la penetración, con lo cual se desmorona uno de los pilares de la fantasía narrativa falocéntrica. Por otro lado, textualizar la complejidad de una erótica diferente, supone un proceso de desmantelamiento de la dominación por la cual se ha negado el placer de una de las partes comprometidas en el juego erótico. De esa manera se desarma la lógica del falo y se reconstruye el mapa de las relaciones de poder bajo otras coordenadas.

Creo que el texto que la mujer ha escrito en los ochenta puede leerse como un desafiante gesto de rebeldía: rebeldía sin embargo esquizofrénica, que insiste en la "doble militancia" y de ese modo se inscribe indecisa, vacilante, compleja, queriendo apropiarse de un espacio que no le es propio. No quiere/ no puede/o no sabe cómo ofrecerse a la lectura y entonces se presenta loca. De nuevo tenemos aquí la imagen de la mujer demente, desequilibrada, loca.

La descontrucción de las versiones oficiales: "Cuarta versión" de Luisa Valenzuela

"Cuarta versión" es el primero de los cuatro cuentos largos (o "nouvelles") que conforman el libro *Cambio de Armas* (Montpelier, Vermont: Ediciones del Norte, 1982). En 1992 se publicó su cuarta edición en español y está pronta a aparecer la tercera en inglés y, sin embargo, hasta la fecha no existe crítica específica al libro y tampoco para este cuento en particular. Desde nuestro punto de vista Valenzuela, en "Cuarta versión," escribe un texto de "doble militancia," un texto en el que subsisten los dos mundos que enfrenta la mujer militante en los ochenta y en ese sentido es un texto que se sabe esquizofrénico, pero cuyo valor está precisamente en la conformación de un discurso que logra, no sin dificultad, expresar la diferencia y la diversidad como espacio de construcción y de amparo para el sujeto, o que al menos le permite participar en un mundo más humano. Por un lado, está la narración que se articula en torno a las tensiones políticas del texto latinoamericano contemporáneo y por otro, se escribe el cuerpo, la sexualidad y las pasiones propias de un texto erótico. Estos dos ejes -la política y la sexualidad- se entrelazan en las diversas versiones presentadas, sin que pueda decirse que uno prevalece sobre el otro.

Es necesario aquí hacer un breve resumen del cuento: el lector lee - de manera fragmentada e incompleta- dos versiones para un cuento. En una versión, se narra en primera persona el proceso de reflexión por el que pasa una escritora argentina, mientras escribe un cuento basado en los fragmentos de un diario de vida que ha llegado a sus manos: el diario de una actriz, también argentina, llamada Bella. En la otra versión, se narra en tercera persona cómo Bella se involucra con un embajador y logra conseguir asilo en la embajada para una gran cantidad de personas perseguidas. La narración adquiere aún más complejidad porque no siempre es fácil dilucidar cuándo estamos frente a textos transcritos directamente del diario original de Bella.

El diario original (en papeles sueltos) ha sido encontrado por la escritora, siguiendo el tópico de Cervantes en el Quijote. La ficción de un diario original le permite a la autora reflexionar sobre el proceso creativo en el texto y además, le otorga al relato un (cierto) carácter de testimonio (ficticio) a los hechos narrados. Esto enfrenta a la narración con su propio reverso, en tanto que se juega con la noción de "realidad" en ambos contextos, por un lado, la puesta en evidencia del proceso de escritura, que cuestiona y violenta el nivel ficticio de la narración y, por otro lado, la pretensión de que lo verdaderamente valioso de la ficción es el hecho de ser "representación" de una realidad externa. Es evidente que uno de los asuntos presentes como ejes de sentido en esta narración es el tema del estatuto del arte; específicamente en la polémica, todavía actual, que en Latinoamérica han sostenido autores e intelectuales en torno a la sostenida noción del arte "comprometido" y al "compromiso" del escritor latinoamericano.[28] La respuesta de Valenzuela a esa discusión es compleja y sobre todo arraigada profundamente en una postura democrática, en un sentido más ético que político. De hecho, lo que esta historia hace es descontruir el intento de presentar una visión unitaria y dogmática de la realidad.

En una entrevista Valenzuela señala que ella se siente de alguna manera:

...vain narrating in the first person, saying: "I think this is the truth." The truth is neither here or there, it is here and there. Possibly that perspective of a narrator behind another narrator is my way of setting things straight, but above all, of putting things in their place which is no place at all. Nothing is certain, nothing is a lie; everything is and is not, is outside and inside, and is positive and negative.[29]

Nos podemos apoyar en esta explicitación de la autora para decir que el modo abierto en cual se presenta el proceso de producción del cuento - sin duda un homenaje a Cortázar[30]- permite al lector el placer de obtener su propia versión (la cuarta) de los hechos. El juego de técnicas literarias, por demás sofisticado en el texto, nos permite decir que el uso de las diversas versiones juega un rol significativo en la conformación de una escritura que quiere definirse también por el uso del juego y la experimentación. Si insistimos en el uso deliberado y consciente de la técnica por parte de la autora, es porque consideramos que ésta sirve, a lo menos, tres propósitos diferentes, aunque todos de algún modo concomitantes, en el sentido que tienen que ver, de una manera u otra con la proposición de un discurso democrático.

Primero, digamos que de modo más evidente se valida la historia que se cuenta desde el punto de vista de su valor como ficción pero, a la vez, cuando en la primera página del texto se propone que el sentido de esta historia radica en la voluntad que la autora tiene de "estampar en alguna parte la memoria congelada de los hechos para que esta cadena de acontecimientos no se olvide ni se repita". Valenzuela impregna lo narrado de un cierto valor testimonial lo que otorga al texto validez frente a cierto sector de la crítica. Más aún cuando la propia autora ha declarado públicamente que ha marchado en Buenos Aires junto a las Madres de la Plaza de Mayo, las cuales portaban un cartel de NO AL INDULTO, frase que en la campaña contra la "Ley del Punto Final" (así era llamada la ley de indulto) fue voceada en la calles y pintada en los muros de las ciudades argentinas, como No al olvido ni al perdón. En Chile cuando el gobierno democrático que sucedió a la dictadura de Pinochet dió a conocer públicamente el resultado de la investigación realizada por la Comisión por la Verdad - que investigó los casos de los desaparecidos y muertos bajo el regimen militar - se presentó bajo el lema: "Para que nunca más se repita". He querido anotar lo anterior para hacer evidente que Valenzuela juega con el lenguaje popular de una manera muy significativa para el lector latinoamericano, para el cual "que no se olvide ni se repita" tiene fuertes resonancias éticas, morales y humanas, en cuanto expresan el dolor todavía latente en una sociedad que no ha sido capaz de reconstruir un sistema de justicia que permita superar el trauma que los desaparecidos representan en la memoria colectiva.

Nuestra lectura entiende que este texto se lee en el punto en el cual diversas escrituras se interceptan, debido a que la noción del texto como testimonio no se elimina del texto, sino que se intercala de modo respetuoso, apelando a sus interlocutores aún cuando la narración misma se encargue de borrar la anterior legitimación para abogar por un texto en el cual el placer deriva del juego y del ejercicio pleno de la libertad del escritor para manipular los hechos del mundo narrado según su antojo. Sabemos, sin embargo - y también lo sabe Valenzuela [31]- que el borrón es también presencia constante de lo borrado en el texto, de modo que como resultado Valenzuela logra una escritura que presenta cierto grado de ironía frente a ambos requerimientos de la escritura latinoamericana y lo que propone en definitiva es una escritura que no es síntesis de ambas posturas y que tampoco las niega, sino que más bien es la desconstrucción de ambos proyectos.

En segundo lugar, la proposición de un discurso fragmentario le sirve a Valenzuela para exponer un texto cuyo diseño es opuesto al discurso autoritario, propio de la dictadura, que censuró todos los medios de comunicación[32] y produjo un discurso oficial monolítico, cerrado y excluyente. Valenzuela dice que su escritura quiere "to decode the perverse discourse of those in power" y que probablemente por esa razón ella escribe ficción. También dice que el espacio político es donde menos se encuentran los verdaderos valores sociales y universales (*Profession*, 9). De modo que entendemos que su propuesta de escritura es también una forma de ejercer el pluralismo y resistir todas las formas de discurso autoritario, sean estas de derechas o de izquierdas. El texto de Valenzuela es un ejercicio del juego pluralista de opiniones y disidencias, así como un abogado en pos de una pluralidad de discursos y la validación de diversos sujetos en el espacio público. La fragmentación ocurre en los diversos niveles narrativos: en la estructura externa, al presentar narradores que se interrogan a sí mismos y que juegan con su identidad, para crear confusión en el lector, de modo tal de que el narrador básico, quien supuestamente estructura el mundo narrado, aparece con una voz fragmentada; en el nivel más básico, el de la estructura gramatical y sintáctica:

> Y ésta que soy en tercera instancia se (me) sobreimpone a la crónica con una protagonista que tiene por nombre Bella (pronúnciese Bel/la) y tiene además una narradora anónima que por momentos se identifica con la protagonista y con quien yo, a mi vez, me identifico. Hay un punto donde los caminos se cruzan y una pasa a ser personaje de ficción o todo lo contrario(4).

Existen también otros modos de fragmentación discursiva, como son las contínuas críticas e intervenciones que la narradora hace, con las cuales se rompe el hilo narrativo y, a la vez, se provoca un distanciamiento de tipo brechtiano en el relato. Este discurso contínuamente desarmado, en piezas que es necesario juntar a fin de lograr una lectura, es una característica de la narrativa de Valenzuela, presente en todas sus obras (excepto en su primera novela) porque esta narrativa se propone a partir de otras formas de ordenamiento del mundo, que no se someten a las leyes de la lógica o de la racionalidad. Según Patricia Rubio, los textos de Valenzuela "sugieren una vez más la destrucción (o inoperancia) de los modos tradicionales de concepción y representación del mundo."[33].

Casi al comienzo de la narración se lee: "He aquí una historia que no llega a ser historia, es pelea por los cuatro costados y se derrama con uñas y dientes(4)" en explícita referencia al clima de "pelea" que se vivía en la Argentina, a la poca tolerancia por las ideas y posiciones de los demás, lo cual fue tierra fértil para engendrar el odio desatado del cual las acciones de la dictadura militar son el ejemplo más extremo y doloroso.

En tercer lugar, es evidente que la disposición textual sirve no sólo el propósito estrictamente literario de conceder una forma (post)moderna a la narración e instalar a Valenzuela dentro de un circuito de recepción más académico y sofisticado, sino que además imprime a su escritura un gesto genuinamente postmoderno en su sentido más filosófico, en cuanto dice relación con presentar una escritura descreída y fragmentaria, cuya mayor honestidad consiste en presentar la mayor cantidad de versiones posibles, a fin de hacer evidente que toda historia es una lectura posible del texto. Esta es una escritura que echa por tierra las pretensiones modernas de unidad y unificación. Y Valenzuela lo explicita en la entrevista con Garfield ya citada: "We are fragmented; nothing is univocal; there is no unity." De ese modo la autora presenta una visión de mundo que se corresponde con aquellas expresadas por Lyotard como constituyentes de la condición postmoderna: la desilusión y la noción del quiebre de las grandes narrativas que concentraban los ideales de la humanidad. Sin embargo, de alguna manera se insiste en la búsqueda de algo, por ello es que Valenzuela quiere que el lector proponga la cuarta versión, tal vez una más cercana a la "verdad," aunque es posible que esa versión no esté presente en ninguna parte. La versión del lector puede ser sólo otra lectura posible, no la que incluya a las otras. La nostalgia postmoderna es también factor determinante en esta historia, - no sólo cuando la autora expresa que "God is unity; we are pieces," - sino sobre todo en la pretensión de escribir la historia y sin embargo no narrarla. De lo que no hay duda es que el desencanto es doloroso y no permite hacer una denuncia directa, a pesar de que la "realidad" narrada lo merezca. El desgarro de narrar es la presencia más constante en el relato, los hechos ocurridos en la Argentina constituyen "una historia que nunca puede ser narrada por demasiado real, asfixiante." Según la autora ficticia, los años de la 'guerra sucia' contienen "Momentos de realidad que de alguna manera [ella ha] vivido y por eso mismo también [la] asfixian.(3)

La noción de que el texto de la mujer se ha atrevido a inscribir su especificidad entreverada con el discurso político de la época, supone dos cuestiones muy importantes: una es el hecho de que la voz de las mujeres sea capaz de intervenir en la política, el espacio público por excelencia y, por otro lado, que sea capaz de poner allí el texto de su sexualidad, sacándola entonces del espacio privado donde resulta en sometimiento ancestral, para revertirlo en herida social abierta y dolorosa, que se reconoce social y públicamente.[34] Un tema que no trataremos en el presente trabajo, pero que sin duda es muy atractivo para la sociología, es la pregunta que es el reverso de la que ahora nos ocupa y que es cuánta influencia tiene la escritura de mujeres en el movimiento de mujeres y cómo afecta la vida cotidiana de las mujeres el cambio en el imaginario colectivo. Porque es evidente para nuestra lectura que aquí se concreta tanto una desacralización del espacio político como una aceptación menos culposa de la propia erótica , lo cual, al menos a nivel del discurso, implica ejercer el poder en términos que si bien no son directos, son al menos políticamente posibles.[35] El texto de Valenzuela es al mismo tiempo el esfuerzo de escribir lo políticamente correcto y la renuncia a hacerlo porque eso significaría dejar de escribirse a sí misma. El texto dice que en este relato "lo escamoteado no es el sexo, no es el deseo como suele ocurrir en otros casos. Aquí [lo escamoteado] se trata de algo que hierve con vida propia: los asilados políticos. De ellos se trata aunque estas páginas que ahora recorro y a veces reproduzco sólo los mencionan de pasada, como al descuido."(21). La narradora básica se esfuerza por darle validez su discurso del único modo que hasta el momento ha sido posible para la escritura latinoamericana: a través de su presentación como contenidos políticos. De todas maneras el resultado es un texto que se construye en la militancia y en su revés, que es el descrédito hacia las grandes empresas políticas, por un lado y, por otro, el placer otorgado por un texto que es un ejercicio de seducción.

Amy Kaminski señala que "in the novels of Valenzuela [...] there is an inescapable engagement with political practice." (46), lo cual es indudablemente cierto, pero nos interesa mostrar aquí que la política no está menos presente que la problemática de la sexualidad en sus textos. De hecho, "Cuarta versión" puede ser leído como un texto que expone la represión política en Argentina durante la dictadura militar y por cierto que lo es.

"Cuarta versión" es un cuento largo (o una novela breve, de 64 páginas) que presenta una escritura de perspectiva feminista incluso a nivel formal. La escritura de Valenzuela hace un gran esfuerzo por presentarse desde una perspectiva pluralista: el lector se encuentra frente a una narradora básica que lo hace partícipe del proceso de elaboración de un cuento que una escritora argentina escribe. El lector lee las notas de la escritora en su primera versión de la historia - presentadas en letra cursiva (lo cual agrega valor de testimonio a la ficción narrada)- y también las reflexiones de la escritora respecto a esas notas, lo que sería la segunda versión y, por último, conoce el comienzo de una tercera versión que nunca fue escrita pero que es la que oralmente va a contar uno de los personajes al final del cuento. La "cuarta" versión, que es la que da el título al cuento, hemos de asumir que es la que el lector es capaz de contruir - renovada, incompleta - en su lectura. No se trata aquí de la estructura circular presentada en *Cien años de soledad* o en *Pedro Páramo*, sino de la voluntad deliberada de aceptar el desafío de una escritura que se resista al proyecto autoritario de lectura uniforme, unívoca, que representa la dictadura militar. En este cuento la pluralidad procura la búsqueda de una "versión" diferente y opuesta al mundo en donde lo que opera es el terror producto de la versión oficial de los hechos. La entrega de las diferentes versiones acentúa la noción de que no existe "otra" versión que es verdadera, sino que la noción de "verdad" surge sólo como ejercicio democrático en el cual las diversas opciones se permiten. De modo que la manera en la cual la mujer asume el espacio político en la narración tiene características de intervención, no instala un nuevo discurso, sino que un discurso otro, en el sentido de que no se conforma con un cambio de contenido sino que aboga por la inclusión de voces diferentes en una narrativa, cuyos rasgos propiamente narrativos se han debilitado al máximo, se han expandido al límite y han aceptado ser permeados por una variedad de discursos de estatuto similar.

De esta manera, el hilo narrativo que teje la sexualidad desde una perspectiva de género, entra al texto teniendo un estatuto igualitario con los otros niveles de la narración, lo que permite que el erotismo, el placer y el deseo se desarrollen como fuerzas motoras de la narrativa. La autora (ficticia) es consciente de la perspectiva de género que ha puesto en la narración. El artificio de "escamotear" el tema político de la historia (los asilados) sirve absolutamente un propósito narrativo, ya que de esa manera se da cuenta de la situación de represión política que el personaje enfrenta. Es Bella quien ha censurado de su diario de vida los detalles respecto de su participación política, a fin de no comprometer a terceros, a causa de que está consciente de la situación represiva que se vivía. Lo cierto es que no se sabe, bien pudiera ser que aquella participación fuera inexistente y que Bella no es sino una actriz que se vió envuelta en una situación política, del modo en que se ve envuelto el homosexual en *El beso de la mujer araña* o del modo en el cual se ven envueltas en política las madres de los desaparecidos. Por otro lado, la autora (ficticia) piensa que "Bella estaba mucho más comprometida políticamente de lo que jamás había querido admitir (23)."

Los papeles encontrados narran la historia de amor de Bella con el Embajador. La historia se escribe por la fuerza del deseo de Bella. La pasión de los amantes explica por qué el Embajador permitió que Bella entrara a la embajada a una cantidad indeterminada de perseguidos políticos que necesitaban asilarse. Los motivos de Bella no los sabemos, sin embargo ello nos permite sospechar diversas causas posibles: ella era realmente una militante de izquierda y su profesión de actriz le sirvió de disfraz para un grandioso "operativo" de asilo, de modo que ella sabía el riesgo que corría; o tal vez Bella era simplemente una actriz despreocupada de la política y sus amigos revolucionarios la usaron para realizar una tarea peligrosa sin importarles su seguridad personal; también es posible que Bella haya sido muy ingenua y haya hecho lo que hizo nada más que con un deseo genuino de ayudar a la gente que lo necesitaba, o tal vez una mujer que, consciente del riesgo que corría, tuvo el valor de realizar acciones heroicas, nada más porque tuvo la decencia de rescatar del horror a cuantos pudo. Razones políticas, de Derechos Humanos o de poder, cualquiera de ellas sirve para explicarse la historia de Bella. Lo único que es necesario saber en realidad es la muerte de Bella, con lo cual su personaje adquiere una dimensión trágica que supera la discusión acerca de las motivaciones. El personaje se engrandece en su muerte por los demás, su historia se instala en otro nivel narrativo y Bella es redimida de toda sospecha, pasando a ser un personaje femenino diferente. El rol primordial de la autora (ficticia) es no escamotear el deseo de esta historia.e insistir en la incorporación de la sexualidad. La perspectiva de la narradora básica acompaña la del personaje y es en esa perspectiva que observamos las pulsiones de una sexualidad de mujer. A partir de los encuentros iniciales, se dice que:

> [los amantes] sabían que entre ellos se trataba de esa extraña sensación llamada vértigo. Algo como un único paquete en el cual se habían mezclado los elementos más incompatibles: la imperiosa necesidad de saltar y el pánico de ceder a esa imperiosa necesidad suicida(15).

Más tarde, se presenta el deseo de Bella, el juego erótico que es desde el comienzo un juego con la muerte al que los dos están expuestos, pero al que Bella va a sucumbir. "Nos vamos a desangrar si no nos cuidamos de nosotros mismos (21)." Y así surge el presagio de la muerte, una muerte que es infringida por otros (por los militares que entran a la embajada y asesinan a Bella) pero que tiene fuertes elementos de suicidio, suicidio en cuanto muerte como acto voluntario y libremente elegido. Decimos que el suicidio es una de las posibles lecturas que explica los actos de Bella, dado que se trata de un personaje culto, inteligente e informado, que está consciente de la situación de peligrosidad extrema que constituía, en los meses posteriores al golpe de estado, ayudar a alguien buscado por los militares. Por acciones menos comprometedoras que esa, muchas personas engrosan hoy las filas de los detenidos "desaparecidos." En ese contexto, es evidente que Bella elige "no darse cuenta" del peligro que entrañan sus acciones, del mismo modo que deja de percibir que ha perdido el control en su relación con el diplomático.

Bella se comporta como una actriz que es incapaz de retirarse del escenario cuando le corresponde, incluso después de que ha hecho una brillante presentación y ese impulso es lo que la convierte en personaje trágico. La fiesta que había organizado para que entraran los perseguidos a asilarse a la embajada resulta perfecta, pero ella no se retira a tiempo; se queda en la Embajada y entre medio del ambiente enrarecido, ella es el perfecto blanco cuando entran los militares disparando.

Del mismo modo, la aventura amorosa entre los personajes es un acto voluntario y libre, el que se presenta como inevitable y determinado por otras fuerzas. De esta manera el personaje gana credibilidad y sus acciones niegan la posibilidad de los cortes definitivos en el tejido social, abriéndose la posibilidad de una lectura más compleja y generosa hacia las acciones de la gente, específicamente para la narrativa de las mujeres.

La represión hacia la mujer militante: "Mordaza" de Pía Barros

El cuento de Barros narra la tortura con violación a la que es sometida una joven mujer en manos de los servicios especiales de la dictadura. La historia está narrada en tercera persona, con una perspectiva que acompaña al personaje, pero que no se confunde con ella. El foco narrativo está puesto en la mente de la mujer que sufre la tortura y el narrador básico - una voz sin identidad - es capaz de saber lo que ella está pensando y algunas veces pareciera acompañar los hechos de manera muy cercana al personaje. Este narrador comparte muchas de las limitaciones que la mujer tiene para descifrar la realidad que la rodea, en las condiciones que se encuentra. Se trata de un relato muy breve (cuatro páginas) y de gran intensidad. Los hilos que tejen este relato son los que enlazan la tortura a la que la joven mujer es sometida en tiempo presente, con el mito de Malinche y la historia personal de la víctima. Los pormenores de la tortura no se muestran con ningún eufemismo y de ese modo la diferencia genérica se denuncia presente en el hecho específico de que la tortura para una prisionera política incluye la violación y el abuso sexual, así como el ataque sistemático de sus órganos sexuales externos. El relato está narrado como un acto de resistencia en el cual la mujer es capaz de sobrevivir, física y sicológicamente, por el recurso a la memoria. En los momentos de dolor físico más horroroso, la mente de la mujer se esfuerza por atraer a la memoria momentos significativos. Así conocemos que es madre, militante de un partido de izquierda, que alguna vez tuvo un caballo. El relato recurre al mito como medio de escape al acto de violencia que se está ejerciendo sobre ella. Es su relectura del mito de La Malinche lo que le da a la protagonista un escape y le presta una voz a su dolor.

La narración explicita el dolor y el daño ejercido con saña hacia la sexualidad de la mujer, de modo que se sitúa a una cierta distancia de la sola denuncia de la situación represiva en épocas de dictadura para conformar el relato de una forma específica de tortura a las mujeres.

La primera imagen que la mujer logra atraer a su memoria a fin de resistir el dolor de la tortura con electricidad es una imagen de pasto verde que le permite pensar en la vida. Luego es el dolor el que atrae a su memoria el propio parto en el que dió a luz a su hija y es allí donde aparece el recurso al mito de Malinche por primera vez. Se trata de una asociación con la idea de que en algún nivel se es culpable por lo que se está sufriendo. El frecuente sentimiento de culpa de la mujer violada que, en vez de ser vista como la víctima que es, debe afrontar la mirada sospechosa de los otros que la consideran culpable de haber -de alguna manera- provocado la violación; bajo la aceptada noción popular de que la conducta "irracional" del hombre en materia sexual es por naturaleza inevitable, en tanto que es la mujer la que "provoca" al hombre. El otro supuesto básico que atenta contra la seguridad de la mujer, es la creencia de que un "no" de mujer en realidad quiere decir "sí". De modo que la actitud y el discurso de la mujer son invisibles para su interlocutor y la única lectura válida en la escena es la (distorsionada) noción de que la mujer es siempre elemento dispuesto al encuentro sexual, en razón de su "naturaleza". La situación que el texto de Barros presenta lleva todo esto a sus manifestaciones más límites, debido a que la mujer está prisionera, atada, maniatada, amordazada (a pesar de que más tarde puede gritar) en tanto que el violador posee todo el respaldo de la institucionalidad y el aparato militar al que pertenece, ya que ser torturador es su "trabajo" y cumple con ello de manera cotidiana. La noción de que la mujer es la que "provoca" al hombre se da aquí bajo el prisma de que participar en política no es asunto de mujeres decentes, de modo que la imagen de la militante de izquierda está ya degradada en la ideología conservadora, a nivel que llega a asimilarse al de la prostituta, por lo cual el acto de violencia ejercido sobre la protagonista tiene una lógica muy estructurada que no sólo la explica sino que la justifica. La violación de mujeres ha sido siempre uno de los horrores de las guerras, sin embargo, en la actualidad, a partir de la denuncia que hicieran las organizaciones de Derechos Humanos sobre el caso de Bosnia, se ha logrado comprobar que la violación sistemática de mujeres ha sido usada como táctica de guerra, a fin de desmoralizar al enemigo y mermar así sus fuerzas.[36] En Bosnia existe la sospecha de que el elemento racial juega también un rol en estos crímenes. En el caso de las dictaduras latinoamericanas recientes, existe constancia de la utilización de la violación y otras torturas sexuales a los prisioneros políticos[37], especialmente a las mujeres,[38] de modo sistemático, aún cuando no existen estudios específicos al respecto.[39] Barros comparte de algún modo esta economía del silencio, porque en gran parte su relato se escribe con el silencio y lo no dicho. El texto es muy breve - recordemos que Barros se caracteriza por el uso de la forma breve en sus relatos - y los detalles están omitidos, lo cual sirve sobre todo para proteger y respetar a la mujer, debido a que sólo permite la mirada solidaria, no aquella que inquiere por detalles y exige lujo de observaciones degradantes. Hay una diferencia sustantiva entre ese silencio respetuoso y aquél que oculta para hacerse cómplice de un crímen. El horror de la dictadura está aquí narrado en una dinámica sexual que el texto de Barros se atreve a escribir directamente y sin eufemismos. El que la sexualidad sea un blanco específico de ataque revela el espacio en el cual los privilegios del sujeto masculino funcionan dentro del poder, formando parte del aparato del estado para producir en la impunidad uno de sus horrorosos crímenes.

Señala Beatriz Sarlo:

> A victim of sexual violence can transcend the limits of private shame and suffering (traditionally considered her only appropriate reactions) and can publicize the offense, emphasizing that her claim to justice does not belong to the private sphere (Sarlo, 240).

Eso es lo que ocurre en el caso de las madres de los desaparecidos, por ejemplo, cuya entrada en la política ocurre a partir de su función de madres, que es el rol tradicional de la mujer en la esfera privada. El cuento de Barros sin embargo, se organiza desde el movimiento inverso: aquí es el espacio público el que violenta lo privado. La narrativa de Barros cuestiona el rol del estado como guardian de la seguridad de los individuos. De hecho, el gobierno, al asumir su forma dictatorial, se convierte en monstruo para los ciudadanos y pone en riesgo la seguridad de las personas. Un profundo cuestionamiento en el cual el sistema represivo está marcado de signo masculino, en el cual la voz del padre aparece imponiendo su ley en la memoria de la infancia: "Saque los codos de la mesa, donde vaya necesitará comportarse como una señorita...". Y la voz del narrador, que acompaña a la joven, se pregunta qué es ser señorita y se responde: " a lo mejor es el miedo, ese terror que le enrosca la lengua y le impide hablar, insultar o dar nombres, ser señorita es ser muda" (28). Sin embargo, la mudez impuesta por el padre, ante la cual la protagonista se ha rebelado antes, se enriquece en el texto al aparecer aquí como un elemento bastante más complejo, ya que tenemos en un mismo nivel represivo dos rasgos que provienen de campos ideológicos opuestos. La idea de que las mujeres deben comportarse como "señoritas" y hablar sólo cuando se les habla es una noción muy conservadora y que en el cuento está representada en la voz del padre. Sin embargo la exigencia de no hablar y resistir heroicamente la tortura es un tema que se comprende dentro de la ideología revolucionaria, para la cual se supone que los militantes tienen una preparación adecuada. La mujer que está siendo torturada resiente la presión de "no hablar" que por lealtad les debe a sus compañeros de partido. Ahora es el terror que le "impide dar nombres"(28) y entonces hablar se tensa en una significación doble y engañosa, puede ser signo de liberación (frente al padre) o signo de cobardía (frente a los camaradas) y de pérdida del lugar que se ha ganado en la esfera pública (la militancia en el partido). Ambos sectores se conjugan en un solo sistema de prohibiciones en la mente de la mujer. El miedo que ahora no le permite hablar es "el miedo de Malinche, [porque] hasta en el sueño la persiguen, toda la vida un acecho, los ojos de los otros, el despotismo de los otros."(28). Esto es lo que atemoriza a la mujer que está postrada en la mesa de tortura, de modo que la imagen del torturador y el dolor que las descargas eléctricas producen en su cuerpo, se entremezcla con el miedo de traicionar:"Malinche, traición, los del mar explicando que Malinche entregó a su pueblo por amor, nunca [dicen] *porque no le permitieron otro camino* "(29) (el subrayado es mío). A partir de ese momento la narración muestra que los sentimientos de la mujer se exponen a partir de una (nueva) lectura del mito de Malinche, en donde no se juzga al personaje como traidora, sino fundamentalmente como una mujer que fue capaz de sobrevivir y tomó el único camino que le dejaron, después de negarle toda otra posibilidad. La mujer se identifica con Malinche en el momento de rebeldía en el que reconoce que Malinche y ella son culpables de no haber cumplido el papel que se esperó de ellas y le dice a Malinche: "tú eres la que sucumbe a la tortura." en el momento en que es ella la que sucumbe y en ese acto, como en una comunión, el cuerpo de la protagonista quiere prestarse para reivindicar el daño que la historia le ha hecho a la figura de Malinche: "quédate en mí, grita la rabia que la historia escrita por ellos no te dejó gritar."(29) dice la protagonista, como si hablara con la figura mítica.

La mujer está maniatada, como ya dijimos, pero cuando está siendo violada el torturador le "sube la capucha" para buscarle los labios; de modo que a ella no le han puesto una mordaza , así que la que menciona el título no es una mordaza literal. La mordaza es el miedo "ese terror que le enrosca la lengua y le impide hablar," ese miedo que le provoca la tortura, pero también el miedo al padre y a traicionar a sus camaradas. El signo que se opone a la mordaza es el grito, el grito fuerte y prolongado que el torturador pretende acallar. El grito, que es sintomático del momento de cambio en el cual la mujer es dueña de sí misma y en el que es capaz de hablar, es decir, quitarse la mordaza que ha usado desde que era una niña y temía al padre. El recuerdo de una yegua encabritada acompaña el grito de rebeldía.

Después de que la violación se ha consumado, la mujer despierta del asco y se da cuenta que ha sido dejada en la calle y que alguien la ha llevado a una Iglesia, lo cual nos lleva a la repetición del grito, esta vez dirigido al cura que la va a ayudar, pero que la mujer identifica con uno de "ellos" que la reprime, que la ha amordazado toda la vida y entonces grita de nuevo, que la dejen tranquila y que se vayan. Este sujeto plural que el grito rechaza incluye la figura del padre, la de los camaradas, la de los conquistadores españoles, la del torturador y la del cura, todos, con "sus cruces y sus dioses"(30). Y la Iglesia Católica es aludida directamente como parte de esta narrativa represiva.

A pesar de que cuando grita ella cree que "en realidad murmura"(30), lo cierto es que el grito es liberador, pero sobre todo es solidario, dado que se construye en una economía colectiva. La que grita es una voz colectiva de mujeres que ya no tienen mordaza, que está dispuesta a seguir gritando, que no quiere ser juzgada por los otros, sino que se la deje ser. La verdad es que el grito parece muy adolescente, pero se vuelve un tanto más sarcástico cuando se termina el relato en un amargo grito de amenaza y deseo de venganza ("Malinche y yo los venceremos algún día"), en una amenaza que encierra un elemento vengativo, pero que se puede leer en la determinación y el coraje para seguir adelante. Se trata de nuevo de la mujer accediendo a la política como sobreviviente. Sobreviviente pero ya dueña de su cuerpo, de su sexualidad, de su dolor, y hablando en un discurso que cada vez le pertenece más, aunque está por otro lado consciente de que su texto es apenas recibido como ruido por el discurso hegemónico. La fuerza que ha adquirido sin embargo no es capaz de superar el hecho de que ellos van a mantener sus dogmas y ella va a seguir en su tristeza. Tristeza que va a permanecer por mucho tiempo, porque es dolor genuino el que escribe este texto. La escritura de Barros se esfuerza para que los dolores profundos estén presentes, y entonces racionaliza explicaciones políticas y adopta una postura feminista para elaborar el dolor. Es la sexualidad de la mujer la que se incorpora al texto siguiendo una economía propia y rescatando el texto del plano ideológico permitiéndole comunicar dentro de la esfera del discurso de mujeres latinoamericanas.

Barros escribe su texto en el preciso espacio en el cual patriarcado y dictadura se confabulan para inscribir su escritura sobre el cuerpo de la mujer. La violación ejercida como tortura a la mujer militante es, en el relato, sinónimo de todas las otras situaciones de sometimiento que sojuzgan a la mujer. En *El Tono Menor del Deseo*,[40] novela posterior al cuento que nos ocupa, Barros vuelve sobre el tema de la violación y la tortura a las mujeres y esta vez llega aún más lejos. Allí el relato de la violación reiterada concede al personaje el espacio para la toma de conciencia de que si ahora puede resistir la violación es porque con anterioridad está acostumbrada a aceptar una relación sexual sin participar en ella. La mujer le dice al torturador:-"En mí no puedes quedarte, en ninguna, entras y sales y tienes estertores y no te miento, no siento nada, puedo hablarte mientras lo haces, [...] no hay placer ves? "- De esta manera el discurso del poder se revierte porque es ahora la mujer la que puede enrostrarle un sarcasmo al torturador. A pesar de que el discurso de él está respaldado por toda la fuerza del poder político y militar, a pesar de que ha sido vejada y sometida de una forma horrorosa, la mujer es dueña de su propio texto. Cuando la mujer finalmente le dice al agente: " -y puedes odiarme, porque tal vez tu mujercita sea igual a mí", lo que ocurre es que recoge una reivindicación genérica y su crítica entra a jugar para que la mujer torturada adopte un rol en la construcción de un discurso diverso. La conciencia del control sobre el propio placer permite salvar al personaje, a pesar de que la chica no salga viva de la sala de tortura. En "Mordaza," la narración se cierra con una apertura al grito, a la protesta y a la rebeldía; en la novela, en cambio, la fuerza narrativa ha sido llevada al límite y el personaje transciende para cruzar el límite y escribirse en la categoría heroica, a la que pocos personajes femeninos latinoamericanos han sido llevados con anterioridad, por lo menos no hasta las últimas décadas.

La narrativa de Barros presenta una economía del terror que, en definitiva, permite a la mujer enfrentar su situación límite y el personaje mujer en suma se salva, negándole toda efectividad a esa economía del horror. Así, la forma más extrema del autoritarismo, la maqueta horrorosa e irrisoria del sistema patriarcal representada por la dictadura, es incapaz de someter a la mujer, la cual surge entera y desafiante, con fuerzas para juntar los pedazos de nuevo y seguir andando, y ahora con un menor peso en su conciencia, ya que se ha liberado de las culpas que le impedían hablar.

El desafío de la piel morena: "Isolda en el espejo" de Rosario Ferré

Estamos frente a un relato largo, de cuarenta páginas, cuya lectura inmediata es la crítica a la situación dependiente que vive Puerto Rico por su condición de estado anexo a los Estados Unidos. La historia de la isla se entrelaza aquí con la historia personal de Adriana, una joven puertorriqueña que decide casarse con un viejo industrial, rico, con grandes problemas económicos, los que lo hacen depender de los préstamos del Banco. En el directorio del Banco están representados los diferentes grupos que tienen algún poder en la isla: los norteamericanos dueños del capital, los hacendados dueños de la tierra y los socios puertorriqueños del Banco. El hecho de que Adriana sea una pianista de cabaret hace peligrar el otorgamiento del préstamo que el futuro esposo necesita. En la fiesta de novios Adriana prepara una sorpresa: se disfraza y luego de presenta desnuda delante de todos, con lo cual el apoyo del Banco se pierde para siempre.

Rosario Ferré cuenta que al comienzo de su carrera ella quería escribir un texto histórico, capaz de mostrar:

> ...how our Puerto Rican bourgeois culture changed from an agrarian one based on sugar cane and ruled by a rural oligarchy to an urban or industrial one ruled by a new professional class, and an anecdote that would convey how this change brought about a shift in values at that turn of the century - the abandonment of the land and the replacement of a patriarchal code of behavoir, based on exploitation but also on certain ethical principles and on Christian charity, with a new utilitarian code that came to us from the United States."[41]

Y eso es precisamente lo que hace en este cuento. No obstante la fuerza narrativa aquí la constituye la manera en que los sucesos históricos se entraban con el proceso de crecimiento de la conciencia de una mujer puertorriqueña, de su condición femenina y su deseo de independencia. Por cierto que una lectura posible de este relato es la del uso del cuerpo de la mujer como una metáfora (fallida) para la búsqueda de la identidad nacional. Sin embargo, lo que resulta de interés para nosotros es leer la historia en lo que tiene de postura feminista y de aproximación al desarrollo de la conciencia de género en una mujer latinoamericana, especialmente en cuanto entendemos que este proceso está significativamente ligado a la conciencia de la mujer respecto de otros temas vigentes en nuestra sociedad. En el caso de la mujer puertorriqueña que nos presenta Ferré, es obvio que los temas que se conjugan en la historia son la independencia política y la identidad racial, en juego con la conciencia del propio cuerpo y el manejo voluntario e independiente de la propia sexualidad.

La estrategia de Ferré es la explicitación del espacio y del territorio en el cual se da la escritura de esta historia de mujer. La historia está allí no para dársela a conocer a los lectores -como en los relatos decimonónicos- sino porque esa historia es la explicación de Adriana, de su ser y de sus acciones, de sus sueños y de sus frustraciones. En la textualidad de Adriana se interceptan significativamente las variables de clase, género, etnia y nacionalidad para producir una narrativa que escribe a la mujer por dentro. La noción de diferencia se enriquece y se hace más compleja, recordándonos la aseveración de Elaine Showalter cuando insiste en que:

> when feminist critics see our task as the study of women's writing, we realize that the land promised to us is not the serenely undifferentiated universality of texts but the tumultuous and intriguing wilderness of difference itself.[42]

El contexto en este relato es fundamental para seguir el camino interior de la protagonista, esta Ariadna remozada que no ayuda a su Teseo, sino que se ayuda a sí misma y parece reivindicar el rol, de modo que su historia no es funcional a la historia del héroe, muy por el contrario, el desenlace triunfal para ella implica simultáneamente el fracaso de la empresa de él.

Sylvia Molloy señala que:

> In texts written by women mitologies are often assumed actively, read against the grain, recombined creatively, inverted drastically, to fit individual images.[43]

Es lo que ocurre con Adriana, porque la imagen de Isolda en el espejo es la que el hacendado le ha puesto a ella, es él quien ha dicho que ella es Isolda, lo cual irrita a la protagonista; sin embargo, la idea de una relación utilitaria la hace convencerse a sí misma de que ella puede ser la Isolda que don Augusto desea. La idea que ella tiene de la Isolda en la que debe transformarse es sin embargo una imagen dolida del deber y la conveniencia, que nada tiene que ver con la percepción de amante ardiente y perpetua que el hombre se ha forjado, a través de la relación que surge del parecido de Adriana con el cuadro de Isolda. La protagonista no parece compartir la economía pasional que desata la evocación de los amantes wagnerianos, y la economía de la traición se invierte por una de fidelidad a su isla querida, aunque esto implique una traición al esposo, el que sí ha traicionado al venderse al capital norteamericano..

Uno de los motivos claves del relato es el retrato de Isolda que Don Augusto tiene en su famosa galería y del cual vemos primero una foto que él le envía junto con la invitación. Adriana se siente muy molesta al comprobar que es cierto que sus rasgos son muy similares a los de la pintura. Se trata de "una mujer morena, adornada por una gargantilla de corales gruesos como cerezos, que sostiene en la mano derecha una taza de oro y en la izquierda una rosa"(126) y que tiene además un exótico y extraño atavío en la cabeza.

Don Augusto está felíz cuando ella acepta la proposición de matrimonio y más aún cuando ella se disfraza de Isolda para la boda. Augusto no sólo está felíz porque puede contemplar a sus "dos Isoldas" sino que, también, posee una tercera, que es la venus de mármol que ha mandado a hacer para poner en "el quiosko del amor" de su jardín, cuyo cuerpo es la reproducción exacta, en mármol, del cuerpo de Adriana. De modo que su rostro está en el cuadro, su cuerpo en la estatua. La figura que supone su rostro es una pintura morena y exótica, para su cuerpo cuenta con la estatua de belleza clásica y marmórea. Estos son los elementos con que Augusto construye la figura de la joven mujer, al mismo tiempo que la desmembra y la fragmenta para producir la imagen de su deseo. Molloy apunta que el recurso al "desmembramiento" del cuerpo de la mujer en la literatura escrita por hombres es muy utilizado, sobre todo por el Modernismo. Su hipótesis es que esto ocurre dado que la pura noción de la mujer como una unidad, como un todo completo es algo amenazante, lo cual el hombre remedia idealizando partes de su cuerpo.[44]

El cuerpo de Adriana/Isolda /Venus es el objeto de deseo no sólo para Augusto, sino también para los socios nortemericanos, los ricos criollos y los hacendados. Incluso las mujeres de los hacendados, las damas encargadas de defender el honor y la moral, trafican con el uso del cuerpo de Adriana, ya que lo hacen blanco de su control y envilecimiento. Los socios norteamericanos agregan el toque exótico, al pensar que Adriana es tan "extraordinariamente hermosa" que "no parece puertorriqueña," para ellos esta mujer morena "más bien parece egipcia o quizás oriunda del sur de Francia"(150).

Mientras que los demás personajes se empeñan en desintegrarla, en verla a pedazos, Adriana experimenta el proceso inverso: la integración armónica de las diversas partes de sí misma, desplegada plenamente en la gloria de su cuerpo desnudo. Los demás no son capaces de afrontar esto sino como un "espectáculo escandaloso" y una afrenta personal hacia ellos. Debido a que Don Augusto le ha dado al cuerpo de la mujer un valor de cambio específico - permitirle conseguir buen crédito con los banqueros - la acción de Adriana resulta en una pérdida financiera irrecuperable para él. El día de la boda marca el derrumbe del imperio industrial de don Augusto, porque el banco le retira los créditos y le cobra todos los intereses de sus préstamos e hipotecas.

El proceso por el cual Adriana tome conciencia de su situación es lento y tremendamente doloroso. A nivel discursivo, es significativo anotar la manera en lacual el proceso personal de la protagonista se imbrica con tres elementos fundamentales en la historia del discurso puertorriqueño: la mantención del español como lengua oficial, la diferencia étnica con los Estados Unidos y la dependencia política y económica de la isla. Más que el tema de la identidad nacional, lo abordado en esta narración es el rol que las variables de la diferencia ejercen en la conformación de un sujeto mujer y cómo esa conformación del sujeto hablante pasa por el cuerpo. Los conflictos sociales y políticos de la isla en su condición de elementos generales se tornan particulares y específicos en el cuerpo de una mujer concreta. Adriana está inserta en la historia de Puerto Rico, no obstante ella es también: su historia personal; su padre, un "marine" que la obliga a hablar inglés "sin acento"; sus estudios en el conservatorio; su trabajo de pianista en un cabaret por las noches, trabajo que le gusta y cuya retórica de bolero le dice más de sí misma que las pretenciosas venus de mármol y las pinturas de las galerías. Mientras que los cuadros de las galerías representan diosas de la mitología o personajes ficticios de otras culturas, el bolero para Adriana es una forma de expresión dicha en su propia lengua y que le habla del paisaje de la isla y describe mujeres que son como ella, en las que Adriana se reconoce. Meloso, barroco y popular, el bolero es sin embargo una fuerte marca cultural de la isla, a través del cual además establece un puente comunicativo con algunos miembros de su familia.

Adriana es también la experiencia dolorosa de tener la piel diferente en los barrios de Nueva York, el dolor del racismo vivido como adolescente, en un país por el cual su padre había luchado en Corea. La insistencia en el color de los ojos y de la piel de los personajes conforma una narrativa consciente de los conflictos étnicos. Para Adriana, su piel y "esos pesados rizos negros" han sido siempre la evidencia de su diferencia tanto en las bases militares norteamericanas en las que su padre servía en Europa, como en la ciudad de Nueva York.

Las consideraciones de su inscripción social ponen a Adriana en una posición en la cual ella realmente es invisible y su corporalidad transparente. Los demás están interesados en apropiarse de ella, pero la joven mujer es capaz de correr el riesgo y transgredir las expectativas de los otros para reapropiarse de sí misma, de la pluralidad que converge en su cuerpo moreno.

En este texto se juega también con la imagen del espejo, pero en realidad se logra alterar su significado, ya que la mujer puede ver a otra mujer, Isolda, en el espejo. Otra que es en efecto el objeto del deseo del anciano, y en ese sentido es exactamente la concretización de la teoría de Irigaray[45]. No obstante, es el mismo "espejo" el que sirve ahora para preparar su pequeña sorpresa a los invitados. El espejo se convierte en cómplice para ayudarla a lograr un parecido patéticamente extraordinario con la pintura -reproduce incluso el curioso y exótico atuendo-; los polvos compactos "Harém" le ayudan con el maquillaje corporal, de modo que puede transformarse en el monstruo fragmentado que don Augusto ha creado. La ironía está en que es precisamente este acto el que cuidadosamente se elige como forma de protesta y de salvación del personaje.

El texto de Adriana se escribe en los intersticios de la alegoría nacional, o incluso a pesar de la alegoría independentista. Ocurre que el texto alegórico de Ferré se lleva al extremo: la sociedad puertorriqueña está mostrada en un nivel tal de complejidad que el relato deja de ser pura alegoría. Adriana se arma en unas coordenadas tan finas que el personaje es capaz de inscribir las pulsiones del texto que la configura en su diversidad específica. Es en ese marco que se desarrolla y refuerza el texto que da cuenta de la sexualidad femenina y abre el pliegue en el cual se oculta el texto del deseo. El deseo que no persigue la posesión del otro, sino cuyo objeto es el placer autoerótico del esplendor del cuerpo como espacio de libertad. El desnudo final de Adriana no puede contenerse en el discurso alegórico, porque el propio acto le da tanta fuerza a la mujer que no puede ser explicada solamete a partir de los rasgos que la conforman. Es la fuerza de la pasión de Adriana lo que le da sentido al relato. Más aún, resulta que la elegoría necesitaba de Adriana para poder decirse, y en cambio Adriana es capaz de exponer su texto/cuerpo desnudo e independiente. No es la alegoría la que escribe a Adriana sino que lo hace el pulso de su propio deseo, deseo que no es inocente ni primerizo, sino que se mide y prolonga el gozo en una autoerótica sado-masoquista, a la cual la alegoría no puede resistirse. Ya en el momento en que Adriana comienza a disfrazarse de Isolda/Venus la alegoría que ha escrito la isla en su cuerpo comienza a desdibujarse. La minuciosidad del empolvado, al que el tono"blanco alabastro" del polvo compacto -sobre su piel morena- convierten la sesión de maquillaje en una grotesca ceremonia de teatro del absurdo. El aparataje del vestido azul y el exagerado atuendo sobre su cabeza, agregan al conjunto un magnífico patetismo. De ese modo Adriana es el espectáculo que no solo fascina a don Augusto, sino que atrae la (lasciva) atención de los socios norteamericanos y de los hacendados, y deja calladas a las damas cuyo único reproche es el de que la joven es demasiado atractiva. De alguna manera sin embargo, Adriana es capaz de dar vuelta la narrativa a su favor. Ahora tiene la atención de todos, está en el ridículo "quiosko del amor" que él ha hecho instalar en el medio del patio y está rodeada de los socios más influyentes del Banco, más aún, se dispone a bailar con Mr. Campbell. Durante la fiesta ha sido muy amable con todos ellos, especialmente con los norteamericanos, a pesar de que le había rogado a su novio que no la hiciera ser anfitriona de los norteamericanos el día de su propia boda. Ellos están allí no obstante y Mr. Campbell la toma del brazo, cuando el aparataje del disfraz cumple el cometido para el que había sido cuidadosamente diseñado y se levanta para dejar el cuerpo desnudo de Adriana ante los ojos asombrados, sorprendidos, furiosos que ahora la miran. La histeria de los invitados se transforma en el verdadero espectáculo de la narrativa. El cuerpo de la mujer que hasta ese momento era objeto de la burla y al abuso, ahora se despliega hermoso y radiante de clara risa ofreciendo el "escandaloso espectáculo" de sí misma.

Valenzuela, Barros y Ferré escriben sus textos desde la sexualidad que pulsa el cuerpo de la mujer, al que reconocen como zona de dificultoso encuentro entre la militancia y el espacio diferente, proponiendo una identidad de género que se (des)articula entre el placer y la perversión , la seducción y el rechazo. Esa zona difusa aparece como espacio específico de la diferencia de la mujer y también como herramienta capaz de ejercitar el poder en todas sus formas: el poder de dejarse invadir por el placer que se ha buscado y también el poder que resulta del placer de mostrar, de escandalizar, o de resistir. Escritura que es "un deseo excedido, una fuerza que gira locamente hacia múltiples dimensiones", un espacio en el cual empaparse "del dilema de los cuerpos, entender la magnífica y dolorosa expiación de lo humano, (126)". Sin embargo esta escritura por momentos se resigna a la militancia y no puede desprenderse de ella, la que como residuo se enrosca por algún costado del texto, para enmascarar este poderoso ejercicio escritural y hacerlo caber en el discurso político. De esta manera la narración entra en la esquizofrenia de la "doble militancia" que hemos percibido en el texto de mujeres en los ochenta.

Podemos cerrar este capítulo con la noción de que la mujer está dejándose entrever de manera compleja y diversa de una textualidad plural y diferente, que se ofrece en los intersticios de un discurso fragmentario. La escritura resulta dificultosa y pareciera que todavía el texto de la mujer se escribe en culpa y gozo, como reversos de una misma medalla. Por el reverso de la militante, sin embargo, se escribe un texto de locas, todavía, es cierto. Pero no sólo locas, sino que locas ahora amantes, llagadas y diferentes.

Notas

[1] La noción de "nudo" la tomo de Julieta Kirkwood, quien la utiliza en *Ser Política en Chile: Las Feministas y los Partidos* (Santiago: FLACSO, 1987) para referirse a ciertos espacios significativos que pueden servir para explicarse la historia de la mujer. La segunda edición del libro citado se publica con un nuevo título, precisamente, *Los nudos de la sabiduría feminista* (Santiago: Cuarto Propio, ...). Kirkwood comienza a desarrollar el tema de las relaciones entre las mujeres feministas y las mujeres "políticas" ambas en los espacios públicos, confluyendo de una manera muy conflictiva. El primer ensayo que escribió sobre el tema se llama precisamente"El nudo feminista-político," que forma parte de una colección de 1984 titulada "Los nudos de la sabiduría feminista." Ver Julieta Kirkwood, *Tejiendo Rebeldías,* ed. Patricia Crispi (Santiago: Centro de Estudios de la Mujer/La morada, 1987).

[2] Luisa Valenzuela, *Cambio de Armas* (Hanover: Ediciones del Norte, 1992, (1982): 1-64

[3] Pía Barros, *A Horcajadas.* (Santiago: Mosquito Editores, 1990): 27-30.

[4] Rosario Ferré, *Maldito Amor,* (Buenos Aires: Sudamericana/Literal Books, 1990): 113- 152

[5] En este punto es necesario decir que estoy consciente de la discusión teórica que existe actualmente al respecto y debo insistir en que en ningún caso quiero decir que la sexualidad sea la manifestación única o más importante, sino que la más evidente y persistente, de modo que seguir su pista en la escritura de mujeres nos garantiza seguir el hilo del discurso de género que se escribe en cada texto en particular. También estoy consciente de que entre las feministas latinoamericanistas hay una discusión respecto al uso del término "género" para designar el concepto de "gender." Amy Kaminsky tiene un capítulo entero

dedicado al tema , "Translating Gender,"Amy K. Kaminsky, *Reading the Body Politics, Feminist Criticism and Latin American Women Writers* (Minneapolis: U of Minnesota P, 1993). Eliana Rivero se ha ocupado también del tema, "Otra vez la(s) palabra(s) terrible(s): precisiones de lo femenino y lo feminista en la práctica literaria hispanoamericana," trabajo sin publicar presentado en la Conferencia "Feminism, Writing, and Politics in Hispanic and Luzo-Brazilian Culture and Literature" (University of Minnesota, Octubre 1990). Publicado en *INTI* 36 (1995).

En mi caso, uso la palabra "género" para designar "gender" porque me resulta propia y natural, porque la aprendí primero en castellano y porque en Chile se usa sin ningún tipo de restricciones, tanto en el ámbito feminista, como en el político y el académico. Julieta Kirkwood la usa sistemáticamente. Kaminsky puntualiza que "still, some Latin American feminist scholars do use the word "género" in the way that English speakers use "gender."[some of them] began using the term [...] earlier in the century. The term was then [...] ready for later feminist appropriation and refinement. Julieta Kirkwood, a sociologist, and Ana Vásquez, a psychoanalist, both from Chile, have written extensively about feminism, and both use the term "género" without qualm."(9)

[6] Para el tema del derrumbe de las narrativas globales y de la validación del conocimiento local y diferencial, ver Michel Foucault, *Power/Knowledge. Selected Interviews and Other Writings, 1972-1977,* Colin Gordon ed, trans., Colin Gordon, Leo Marshall, John Mepham, Kate Sofer (New York: Pantheon Books, 1980).

[7] Elaine Showalter, "Feminist Criticism in the Wilderness," *The New Feminist Criticism,* E. Showalter ed. (New York: Pantheon Books, 1985): 265.

[8] Sandra M. Gilbert and Susan Gubar, *The Madwoman in the Attic:The Woman Writer and the Nineteenth-Century Literary Imagination* (New Haven, Conn.: Yale UP, 1979): 6.

[9] Amy K. Kaminsky, *Reading the Body Politics, Feminist Criticism and Latin American Women Writers* (Minneapolis: U of Minnesota P, 1993).

[10] Ver la evaluación de Freud que hace Foucault en *The History of Sexuality.* Vol I (New York: Vintage Books,1980).

[11] Ver Liliana Trevizán, "Carmen Martín Gaite y María Luisa Bombal, una misma estrategia subversiva," *Mujer y Sociedad en América,* Juana Alcira Arancibia ed., (Northridge: California State University, 1990): 93-100.

[12] Dígase en su beneficio que, en la última década hay una tendencia sostenida de aceptación creciente de las mujeres en los espacios intelectuales, de la crítica y de la docencia (en ese orden), lo cual no resta el que la aceptación de la especificidad del discurso de mujeres y/o el feminismo no haya ganado el mismo espacio y que las mujeres no necesiten todavía el"disfraz" al que se refiere Sarlo.

[13] Kaminsky, *Reading,* 49

[14] Beatriz Sarlo señala que "the history of the difficult relations between communism and feminism in Latin America has still to be written." (245 n.2) y agrega luego un ejemplo iluminador de como el Partido Comunista trató de

subordinar las reivindicaciones de las mujeres bajo el prisma de la lucha de clases.

[15] Patricia Chunchryk, "Feminist Anti-Authoritarian Politics: The Role of Women's Organizations in the Chilean Transition to Democracy," *The Women's Movement in Latin America,* Jane Jaquette ed (Boulder: Westview Press, 1991): 149-184.

[16] Beatriz Sarlo, "Introduction, Part 3" *Women's Writing in Latin America,* eds. Castro-Klarén, Molloy & Sarlo (Boulder: Westview Press, 1991): 231-248.

[17] Aquí nuestro texto se permite jugar con la metáfora de la "locas" que ha sido tan significativa en la historia de las escritoras latinoamericanas. Gabriela Mistral dedicó una completa sección a sus Poemas de Locas. El poema más famoso de Juana de Ibarburu retrata a una mujer "loca," que corre por las calles. Hay muchos otros ejemplos. Sara Castro-Klarén se refiere al tema como "la loca criolla," al parecer para distinguirla de la figura de "the Madwoman in the Attic," que usan Gilbert y Gubar.

[18] Sara Castro-Klarén, *Escritura, transfresión y sujeto en la literatura latinoamericana* (México: Premiá, 1989): 185.

[19] Así es como Isabel Allende se refiere a la forma de su propia escritura. Ver Cruz, Mitchell et al, "Entrevista a Isabel Allende," *Mester Vol.XX n.2*   Fall 1991 (127-144).

[20] Ver Teresa Valdés, "Women Under Chile's Military Dictatorship," *Chile: Dictatorship and the Struggle for Democracy,* Grinor Rojo & John Hassett (Gaithersburg,MD.: Ediciones Hispamérica, 1988): 99-109.

[21] Aunque por cierto que no las dejaron entrar al Comité Central o al Comité Ejecutivo del Partido. Por lo menos no hasta el final de la década, cuando en algunos partidos socialistas el feminismo logró un espacio de apoyo bastante significativo (aunque no suficiente todavía). En Chile, por ejemplo, el año 1990 las mujeres del Partido Socialista lograron la incorporación del mandato de "discriminación positiva" en favor de asegurar un 20% de representación mínima de mujeres en todos los niveles directivos y ejecutivos del partido. En las elecciones parlamentarias de 1993, sin embargo, el partido no apoyó la candidatura al parlamento de María Antonieta Saa, líder feminista de reconocida trayectoria socialista, que fue ampliamente apoyada por las organizaciones feministas y de mujeres en general.

[22] Castro-Klarén, *Escritura,* 192.

[23] Es necesario hacer un esfuerzo en esta tesis para dejar fuera el análisis sociológico o histórico del movimiento de mujeres en Latinoamérica. A pesar de la escasa literatura al respecto, los textos de Julieta Kirkwood que ya he citado son la fuente más directa de información acerca del tema. En inglés, *The Women's Movement in Latin America: Feminism and the Transition to Democracy,*edited by Jane S. Jaquette (Boulder: Westview, 1991) presenta un análisis del movimiento de mujeres en los ochenta, en un libro que no sólo está muy bien informado y es confiable como fuente, sino que el análisis es complejo, sofisticado y respetuoso de las particularidades del movimiento en América Latina.

Quisiera anotar que para nosotros es muy significativo comprobar que Jaquette adopta una perspectiva muy cercana a la nuestra, especialmente en el tema de la relación política/ feminismo. Repetimos, sin embargo que no es nuestra intención trasladar mecánicamente el análisis sociológico al campo de los estudios literarios.

[24] El fenómeno de la "doble militancia" que se vivió en el movimiento de mujeres durante los años ochenta es mencionado en varias oportunidades en los estudios feministas. Es uno de los temas principales abordados por Julieta kirkwood en el libro ya citado, *Ser Política en Chile: las Feministas y los Partidos*. Ver también Muñoz Dálbora, 23 y Kaminsky, 139.

[25] Ver, por ejemplo, Adriana Muñoz Dálbora, *Fuerza Feminista y Democracia: Utopía a realizar,* (Santiago: Vector/Documentas, 1986), de donde extraigo la siguiente cita, aunque el libro está completamente dedicado al tema:"las mujeres entran también a crear formas alternativas de participación, constituyendo el feminismo un espacio donde las feministas vinculan su lucha contra la dictadura con la lucha por su liberación como mujeres." (23).

[26] Ver Olga Poblete, "ONU. Convensión," *Signos Nº 3* (Santiago, 1984): 51-53.

[27] En Chile, por ejemplo, el Movimiento Feminista agrupa aproximadamente a 600 mujeres organizadas y sin embargo, la influencia del MF es indiscutible en todas las organizaciones de mujeres, especialmente debido a que la labor de apoyo profesional que el MF realiza les permite llegar tanto a organizaciones de base como a organismos estatales. Ver el catastro y caracterización que realiza María de la Luz Silva en *La participación política de la mujer en Chile: las organizaciones de mujeres* (Buenos Aires: Fundación Friedrich Naumann, 1987): 156.

[28] Esta discusión tiene sus raíces en la polémica de medio siglo a propósito de las vanguardias contemporáneas y su proposición del "arte por el arte" frente a la postura del "arte como reflejo" de la realidad (social) de una época. En las décadas del sesenta y setenta, esta discusión adquirió rasgos más complejos y menos disyuntivos, pero estuvo siempre presente en las propuestas culturales latinoamericanas. No es del caso referirse aquí al tema en específico, pero sí anotar que Valenzuela plantea su escritura en diálogo con otros autores latinoamericanos y que este texto tiene también la voluntad de inscribirse en ese contexto. A propósito de lo cual tal vez sea interesante recordar que algunos de los momentos más candentes de esta discusión - particularmente en la Argentina, pero con repercusiones en el continente - se dieron a través del intercambio de cartas entre Julio Cortázar (exiliado en París) y Liliana Heker (residente en Buenos Aires) que se publicaban en Buenos Aires en la revista *El Ornitorrinco,* sucesora de *El escarabajo de oro* en los años 80-81. Para un seguimiento de la polémica en la actualidad Ver Liliana Heker, "Los intelectuales ante la instancia del exilio: militancia y creación," *Represión y reconstrucción de una cultura: el caso argentino*, Saúl Sosnoswski, (Buenos Aires: EUDEBA, 1988): 195-202.

[29] Evely Picon-Garfield, *Women's Voices from Latin America, Interviews with Six Contemporary Authors*. (Detroit: Wayne State UP, 1985): 147-165

[30] Una de las características de la cuentística de Julio Cortázar es la exposición de las tácticas de producción del texto, como un ejemplo magistral de la utilización de esa técnica, ver "Diario de un cuento," *Deshoras,* (México: Siglo XXI, 1987).

[31] La autora hace referencias específicas a la teoría literaria, a la desconstrucción y al postmodernismo. Ver Luisa Valenzuela, "The Five Days That Changed My Paper," *Profession 91.* MLA: 6-9.

[32] En Argentina, la censura fue particularmente drástica, llegando incluso al ridículo de hacer cortes evidentes en las películas, así como a mostrar una preocupación sistemática por la "historia oficial" en los textos escolares, tal como se alude en la película de ese nombre.

[33] Patricia Rubio hace un excelente y minucioso análisis de los diversos rasgos que conforman esta fragmentación del discurso en Valenzuela, desgraciadamente no se refiere específicamente a *Cambio de Armas*. Ver "Luisa Valenzuela: Fragmentación del discurso narrativo", *Escribir en los Bordes,* eds. Berenguer et al (Santiago, Editorial Cuarto Propio, 1990): 207-217.

[34] Es básicamente lo mismo que ocurre en todos los espacios en los cuales se da la lucha general de las mujeres, pongamos por caso, el tema de la mujer golpeada y de la violencia doméstica: el logro está en haber conseguido sacar el problema de la esfera de lo privado y lograr la sanción social y el estatuto legal que penaliza un asunto que antes era celosamente mantenido en la esfera privada. Con ello, se cambia la situación de culpable a víctima y la sociedad en su conjunto debe hacerse responsable de lo que ha instituído como crimen. Está claro sin embargo, que no se ha conseguido con ello la solución total del problema y que la intervención en el plano cultural y en las intancias reproductivas del sistema son responsables del resto del proceso, pero, insistimos, un cambio muy importante se ha logrado ya.

[35] De hecho, se trata de una estrategia de sobrevivencia que ha permitido a las mujeres (que no sólo a nivel de discurso y por cierto no sólo en Latinoamérica) ocupar espacios que estaban antes negados.

[36] Ver *Time* nº 322.

[37] Tanto en mujeres como en hombres, la tortura con electrodos ("la picana") en los genitales fue sistemáticamente practicada por los llamados servicios de seguridad.

[38] La denuncia ha sido recogida por los organismos de DDHH y se ha conocido públicamente por libros de testimonio que se han publicado en el extranjero o con posterioridad.

[39] Cuando la Comisión por la Verdad investigó los hechos represivos ocurridos bajo la dictadura militar en Chile, se determinó (por razones de número y posibilidades de investigar) investigar sólo los hechos de tortura con resultado de muerte o "desaparecimiento" de personas.

[40] Pía Barros, *El tono menor del deseo* (Santiago: Cuarto Propio, 1991).

[41]   Rosario Ferré, "The Writer's Kitchen," *Lives on the Line,* ed. by Doris Meyer (Berkeley: University of California Press, 1988): 212-227.

[42]   Elaine Showalter, "Feminist Criticism in the Wilderness," *The New Feminist Criticism,* E. Showalter ed. (New York: Pantheon Books, 1985).

[43]   Sylvia Molloy,"Female Textual Identities: The Strategies of Self-Figuration," *Women's Writing in Latin America.* eds. Castro-Klarén, Molloy, Sarlo,(Boulder: Westview Press, 1991): 106-123

[44]   Ver Molloy, *Women's,* 116.

[45]   Ver Luce Irigaray, *Speculum de l'autre femme,* (París: Editions de Minuit, 1974).

CAPITULO 3

Una lectura política del espacio privado

El siguiente capítulo puede leerse como suplemento del anterior, ya que intenta mirar lo que ocurre cuando es el espacio privado el que es puesto en la esfera pública. La invasión de la política contemporánea en los espacios tradicionalmente considerados privados, nos sugiere que el ejercicio escritural de la mujer es un esfuerzo por mostrar a nivel de discurso, cómo y cuánto la política contemporánea - sobre todo en su expresión más represiva - ha pasado por cuerpo de la mujer. Las formas más extremas del poder se han ejercido en el cuerpo mismo de la mujer, dejando al descubierto que la socorrida división entre lo público y lo privado, no es más que un artificio que los que detentan el poder no dudan en echar por tierra cuando así lo requieren.

La nuestra es una lectura que sirve para legitimar tanto la participación de las mujeres en la arena política, como la necesidad de incorporar el sentido común de la vida cotidiana a la práctica política. En cierto modo, podemos decir que nuestra lectura del espacio representacional aboga por la "feminización" del espacio político, entendiendo que ello no sólo tiene que ver con la incorporación de las mujeres a ese territorio, hasta hace poco estrictamente masculino. La feminización de la política tiene que ver con expandir los bordes, estirar los límites, desdibujar los parámetros de lo que es/ha sido hasta ahora la política. Queremos también hacer hincapié en el hecho de que por 'política' entendemos tanto la práctica, como la teoría. De modo que cuando leemos o proponemos la influencia de las mujeres en este ámbito, nos estamos refiriendo a la participación de las mujeres en los espacios políticos a todo nivel de la sociedad, desde las instituciones de gobierno, representativas y judiciales, hasta las organizaciones políticas, sindicales, laborales y sociales en general. Por otro lado, Por otro lado, entendemos que la teoría política es parte sustantiva de este proceso positivo de 'feminización' social. Nuestra insistencia en examinar detenidamente el espacio textual, se debe a que pensamos que la apertura del discurso público permea la práctica política y que a su vez, los cambios producidos en la esfera social - por supuesto de una manera complicada y de ningún modo lineal o directamente - se manifiestan a nivel discursivo. La necesidad de permear teritorios fronterizos existe en ambos espacios.

Sin embargo, cabe preguntarse hasta dónde es posible estirar esas fronteras. Acaso hasta que los bordes, las líneas divisorias, los límites prefijados, dejen de tener sentido. Tal vez hasta que se conviertan en zonas porosas, que se contaminen unas a otras y no puedan evitar el roce. [1] En el capítulo anterior hemos visto que la política invade lo privado, sobre todo en tiempos de crisis, de guerras y revoluciones, ahora cabe ver si es posible conceder estatuto político al hecho "privado." A pesar de que la noción de "lo privado es político" es prácticamente un axioma para las feministas, se puede decir que en Latinoamérica, recién en los años 80 el feminismo logra introducir estos temas a la discusión política y probablemente sea en los 90 que éstos empiecen a ser debatidos por el conjunto de la sociedad. Es evidente   que estos temas llegaran en   a ser parte del debate parlamentario, judicial y gubernamental   Por lo pronto, se puede solamente asegurar que la lógica política del feminismo latinoamericano tiene una racionalidad que se esfuerza por evidenciar lo político que se esconde tras la esfera privada, o cuán político es lo que ocurre en el espacio privado. Lo demuestran la organización y lucha contra la violencia doméstica y la mujer golpeada, y en general la movilización para legislar en contra de los asaltos y violaciones, el hostigamiento sexual en el lugar de trabajo y temas afines. [2]

Que este es un tema nuevo en América Latina se confirma con la falta de bibliografía y publicaciones al respecto, existiendo, sin embargo algunos estudios en el campo de la sociología que utilizaremos como referencia, porque aunque no se refieran específicamente a nuestro campo de estudio, abogan por una lectura politizada del espacio privado, que es lo que pretendemos hacer en este capítulo. Por otro lado, no podemos desconocer que el tema es conflictivo, no sólo en Latinoamérica. Todavía en Estados Unidos los temas públicos más polémicos se producen cuando asuntos que se han considerado "privados" son llevados a la esfera pública, recordemos el caso de Anita Hill y el tema del hostigamiento sexual ante el Congreso, así como las proposiciones del Presidente Clinton para acabar con la discriminación de los homosexuales en las Fuerzas Armadas. Temas como el derecho al divorcio, la violación y el abuso de niños han sido ya institucionalizados en sociedades como la norteamericana y en la mayoría de los países europeos. Es interesante, sin embargo, pensar en el caso del aborto que, aunque ha sido objeto de legislación hace más de tres décadas, genera todavía graves tensiones en la sociedad y es definitivamente uno de los asuntos claves de la política norteamericana.[3] En términos ideológicos, además, la discusión es muy compleja, debido a que la defensa del derecho al aborto, o mejor dicho, del derecho de la mujer a decidir si acaso llevar a término o no el embarazo- no necesariamente resuelve el conflicto. Como dice Barbara Johnson:[4]

> In the case of Roe v. Wade, the legality of abortion is derived from the right to privacy, an argument which is itself problematic for women, since by protecting "privacy" the courts also protect the injustices of patriarchal sexual arrangements. When the issue is an unwanted pregnancy, some sort of privacy has already , in a sense, been invaded. In order for the personal to avoid being reduced once again to the nonpolitical, privacy, like deliberateness, needs to be rethought, in terms of sexual politics. (192)

En Latinoamérica el divorcio, la infidelidad, las relaciones prematrimoniales, el aborto, la violencia doméstica, la homosexualidad y otros temas relacionados, han empezado a discutirse públicamente recién en la última década y en su mayoría no son todavía objeto de ley, de modo que las fuerzas conservadoras se esfuerzan por mantenerlos como asuntos "privados" a los cuales la política no "debe" acceder.[5]

A pesar de que el trabajo de Alexander[6] es un estudio sociológico, que se centra en la zona del Caribe, su análisis interroga el plano del discurso en un sentido muy similar al que nuestra crítica intenta. Alexander mantiene la sospecha de que los temas relacionados con la "moralidad" no son sólo políticos sino que tienen una relación muy estrecha con la economía y las relaciones internacionales y analiza el fenómeno partiendo de la base de que:

> In the contemporary period, morality has become an important mechanism for disciplining and regulating the social. Its political agenda has taken shape in the ideologies of international capital that attempt to legitimate the exploitation of predominantly female Third

World workforce through symbols of docile and submissive womanhood. (133)[7]

Independientemente de tales sospechas, lo que nos parece fundamental es mostrar el aporte sustantivo que el pensamiento feminista tercermundista puede hacer al feminismo internacional, cuando se hacen análisis que, como el de Alexander, logran enhebrar política y sexualidad con las nociones de género, clase, raza y orientación sexual. Vemos una lectura similar a la nuestra cuando se señala que la lucha "to redraft morality" es una tarea política de primer orden, la cual "requires feminist engagement," primero, porque entendemos que el de la moralidad es un discurso político y, segundo, porque pensamos que afecta directamente a las mujeres. Para el discurso conservador, sin embargo:

> Morality has become a euphemism for sex. To be moral is to be asexual, (hetero)sexual, or sexual in ways that presumably carry the weight of the "natural." (133)

Este tercer capítulo enfrenta las preguntas que la esfera privada impone sobre el espacio público, específicamente en los tópicos que tienen que ver con la sexualidad, particularmente la de las mujeres. El capítulo anterior lee el modo en el cual la escritura de mujeres recoge la invasión de la política en la privacidad de su sexualidad. En el presente, lo que nos interesa es tal vez el camino inverso, esto es, leer lo que ocurre cuando esa sexualidad es sacada del ámbito privado y es expuesta como cuestión política. Los textos que trabajamos aquí son cuentos cuyo asunto primordial es un tema relacionado con la vida "privada," tocante de uno u otro modo con la sexualidad y cuya narrativa pareciera tener poco o nada que ver con la política o el poder. En esto continuamos siguiendo el pensamiento de Barbara Johnson cuando dice que "the undecidable is the political. There is politics precisely because there is undecidability."[8]

Nuestra lectura es un intento de mostrar que la escritura de la mujer revierte la lógica tradicional y propone una lectura politizada de los asuntos "privados/personales." Los cuentos de este capítulo tocan algunos de estos temas "privados": el incesto, el lesbianismo, la violencia doméstica y el derecho al divorcio, todos los cuales provocan fuerte polémica cuando se llevan a la esfera pública, particularmente en Latinoamérica.

Es indudable que el tema del incesto es uno de los tabúes más fuertes en la sociedad moderna, sobre él se ha fundado la conformación de la familia como pilar estructural de la sociedad que conocemos.

Como resultado de los estudios y la legislación lograda en relación a los delitos de violencia doméstica, - abuso contra mujeres y niños- en los últimos años ha habido una apertura hacia la denuncia del delito del incesto y sus repercusiones para las niñas en su adultez. De alguna manera el carácter de esta denuncia socava el tabú y lo sitúa precisamente en el borde de lo prohibido. El incesto es el límite mismo, sin embargo, es también la imposibilidad del límite y la expresión del espacio en el cual los límites se borran allí mismo donde se establecen. El cuento "De hermano a hermana" de Peri Rossi se escribe en el delicado borde en el cual la prohibición y la seducción se encuentran, para provocar el horror en el que las normas sociales se desvanecen. La escritura de Peri Rossi no es un intento reivindicativo, sino que fundamentalmente ideológico y, en ese sentido, bastante alejado de la práctica feminista reivindicacionista. El cuento de la escritora uruguaya no tiene que ver con la exposición legalista del incesto como delito, sino que con la proposición de leer los límites impuestos sobre los individuos por el sistema social. El de Peri Rossi es tal vez el más arriesgado de los textos tratados en este libro, sobre todo porque no resulta fácil leerlo desde ningún parámetro ideológico, como no sea tal vez el anarquismo, de modo que estamos frente a una textualidad resbalosa, provocativa y que, sin embargo, resulta muy atractiva para nuestro estudio, porque se escribe en la interrogación misma de los límites textuales y sexuales.

A nivel de discurso público, temas como el divorcio y de la violencia doméstica son todavía muy conflictivos en la mayoría de los países de América Latina. Por cierto no se trata de que no exista violencia en los hogares, sino que el hecho se mantiene siempre cautelosamente guardado bajo la celosía del ámbito privado, lo cual es garantizado por la ley. No se trata tampoco de que el porcentaje de matrimonios fracasados sea menor que en otras regiones del planeta, sino que la legislación dista mucho de responder a las necesidades de la población, sobre todo las de mujeres y niños. En Chile, por ejemplo, el divorcio es ilegal. Se practica la separación legal que impide a la pareja volver a casarse y que frecuentemente deja al padre sin ninguna obligación pecuniaria frente a los hijos, pero obliga a la madre a conseguir el permiso del padre para cualquier documento, salida al extranjero, compra de bienes u otros asuntos. Por otro lado, desenmascarar públicamente el drama de la mujer golpeada ha sido uno de los logros específicos del Movimiento de Mujeres en Chile, Brasil, Argentina, Uruguay, y en varios otros países. Particularmente en Chile, durante los años ochenta y todavía bajo dictadura, las feministas realizaron un fuerte trabajo de concientización acerca del tema en todos los sectores de la sociedad, de modo que a la caída de la dictadura ese fue uno de los asuntos sobre los que se logró consenso para legislar en un plazo muy breve. En la actualidad existe ya una Ley contra la violencia doméstica y diversas entidades - incluso varias instituciones de gobierno - mantienen casas de refugio para mujeres golpeadas. En este aspecto, Chile es uno de los países más avanzados del continente. En cuanto al divorcio, en cambio, se ha avanzado menos: un proyecto de Ley de divorcio fue presentado ante el Congreso en 1995 y la reacción de la Iglesia Católica ha sido muy fuerte, lo cual no era exactamente previsible en la arena política chilena. Sobre todo si se piensa que la Iglesia Católica fue vanguardia de solidaridad con los oprimidos y perseguidos durante la reciente dictadura militar. Al respecto, cabe aquí citar un excelente estudio sobre el rol que la iglesia y el estado han jugado en las políticas de control de la natalidad, efectuado recientemente en Brasil. Carmen Barroso y Cristina Bruschini parten de la base de que:

> Under the influence of liberation theology, the church's top hierarchy has identified itself with the interests of the lower classes on several different occasions, thus becoming a special target of repression by the authoritarian government. (Barroso, 155)

Lo mismo ocurrió en Chile y en otros países, por ejemplo Perú y Nicaragua. No fue el caso de la Iglesia en muchos otros países, como por ejemplo Colombia, o Argentina, donde la Iglesia Católica amparó y legitimó la represión dictatorial. En Brasil, la Iglesia es básicamente progresista. Se precisa, sin embargo, un análisis más complejo para comprender que, a pesar de ello, la Iglesia Católica sigue siendo altamente dependiente del Vaticano y en los temas que se consideran privados y regidos por la moral (los cuales invariablemente se relacionan con la sexualidad, la mayoría de las veces con el cuerpo de la mujer) adopta una actitud conservadora, en torno a la cual se unifica políticamente. Esto, lógicamente, para oponerse a las políticas liberales que el estado propone, respondiendo a las presiones de sectores mayoritarios de la sociedad civil, influenciados por las movilizaciones de las mujeres. De modo que:

> Even the progressive wing of the church hold conservative views in matters that directly challenge the church's own authority over personal lives: sexuality, reproduction, women's rights.(155)

De esa manera, al tiempo que mantiene la autoridad institucional de la Iglesia, opera con una estrategia del "perdón" individual y así ejerce control sobre los cambios.[9]

Angeles Mastretta, en el fragmento dedicado a la tía Chila, articula el tema de la violencia doméstica con el del derecho al divorcio, en un discurso capaz de intervenir este conflictivo espacio, para finalmente sacarlo del nivel meramente doméstico. Desenmascarar lo político de los temas ayuda a la toma de conciencia y a que los conflictos dejen de ser espacios de pura victimización y se conviertan progresivamente en formas de socavar el poder establecido.

La homosexualidad es todavía un tabú en la mayoría de nuestros países, de modo que aquí no estamos ni siquiera hablando del problema de asegurar la no discriminación por causa de una determinada orientación sexual, sino recién de la mínima seguridad necesaria para permitir el proceso de "salir del closet" y lograr un reconocimiento público de la identidad genérica. Lillian Helpick en "La elegida" presenta una narrativa lesbiana, tema que sin duda está rodeado de un tabú mucho mayor que el que supone la homosexualidad masculina.

El incesto como cuestionamiento del sistema:"De hermano a hermana" de Cristina Peri Rossi

El cuento "De hermano a hermana" narra en primera persona cómo es que, después de mucho desearlo, un joven finalmente va a conseguir tomarle una foto a su hermana desnuda. El relato es explícitamente una historia de deseo y de incesto. Es también una narrativa de poder y de política.

La constitución de un narrador masculino le permite a Peri Rossi entrar en el juego del deseo y elaborarlo en torno al cuerpo de la mujer. [10] Contraria a la noción tradicional de "the eternal femenine, to the angel of the house, to women as pure spirit, or to woman as poetry,"[11] la mujer aquí aparece como un cuerpo, un cuerpo que no posee otra realidad que su corporalidad y el poder que su cuerpo ejerce sobre el otro. No se trata aquí de un cuerpo de mujer que se escribe como pretexto de un discurso filosófico, sino de un texto del deseo que adquiere sentido en sí mismo al inscribirse en el cuerpo de la mujer. Lo que subvierte la norma, en este caso, es el hecho de que la mujer de la que se trata sea la hermana.

El motivo de la fotografía es perfecto para mantener el relato en el espacio externo y prevenir el texto contra la tentación metafísica. El hermano no sólo utiliza el lente de la cámara fotográfica para auscultar el cuerpo de la hermana, sino que el deseo configura una mirada en la que ojo y lente son uno solo. En ciertos momentos, el relato está dirigido desde la perspectiva de la cámara, especialmente cuando ésta dirige una toma en zoom hacia el cuerpo de ella. El texto adquiere un ritmo erótico que desde el comienzo gira en torno a la configuración del cuerpo de la mujer: primero son las estilizadas líneas del cuerpo esbelto visto al trasluz, el seguimiento del rastro de agua de la ducha, la delación erótica del relato y más tarde la concentración de la mirada/lente en el rostro de la hermana.

El relato se construye en una cadena de desplazamientos que procuran ofrecer un espacio de lectura a un texto que se inscribe en las márgenes de la estructura social. El desplazamiento más evidente del texto ocurre en la explicitación de que la figura de la hermana está allí en lugar de la de la madre. El cuento se abre de la siguiente manera:

> Cada vez que miro a mi hermana pienso en mamá. Y sé que hubiese preferido que mi madre fuese ella, mi hermana, y no la otra, tal vez mi madre hubiera podido ser mi hermana y yo no notaría tanto la diferencia (19)

En la mayoría de las sociedades, la prohibición del incesto se hace más tenue en la medida en que la relación genética es más lejana. Siendo la relación padre-hija o, madre-hijo la más condenada dentro del núcleo familiar, la prohibición se cierne sobre todos los miembros de un grupo familiar, por lo menos hasta el nivel en el cual el parentesco puede ser reconocido fácilmente. En el sistema legal vigente en los Estados Unidos, por ejemplo, se condena como criminal la relación sexual entre miembros de una familia hasta el nivel de primos en primer grado, incluyendo dentro del concepto a la familia adquirida por segundos matrimonios.

Aunque el relato de Peri Rossi pretenda oscurecer el sistema de prohibiciones con el que el texto trabaja, lo cierto es que hacer equivalente madre/hermana en una misma ecuación, es sin duda todavía un acto lo suficientemente subversivo como para llevar al texto al borde de lo establecido. Así es que puede pensarse que la equiparación explícita sirve más bien para obligar a la lectura del incesto en el texto que para diluírla. A la propia Peri Rossi le interesa mostrar que en todos sus textos la política está presente. La autora ha dicho que:

> Pienso que uno tiene una buena parte que testimoniar. Depende del momento histórico que se viva, para mí la literatura tiene una función moral en la sociedad. Hay momentos en que ese testimonio es sobre todo político, pero no sólo somos entes políticos, sería un enfoque muy parcial de la literatura.[12]

No se trata entonces de un acto de borradura sino de uno de inscripción del tabú en el texto. Esta mecánica narrativa compleja y entretejida se va a repetir a lo largo del cuento: se elige una figura para desplazar otra que (supuestamenete) sería más censurable socialmente, pero el desplazamiento se trabaja de tal manera que el resultado es tan subversivo, o más, que el término desplazado.

El desplazamiento de la figura de la madre por la de la hermana, al operar de la manera descrita, sirve además a otros dos propósitos. Por un lado, permite minimizar la desigualdad de la relación de poder que se establece entre un adulto y un menor y, de esa manera, dejar fuera del texto el tema del abuso sexual. De este modo la relación incestuosa es sacada de su oscuro contexto de abuso de poder, para ser puesta en un espacio (idealizado) en el cual ambos hermanos son percibidos como iguales. Esto es requisito fundamental para que el relato pueda leerse como ejercicio de seducción y deseo en vez de violación y abuso. Por otro lado, así puede también obviarse la disparidad de edades, lo que pone a ambos elementos otra vez al mismo nivel, lo cual además permite darle al relato un dinamismo juvenil que es importante y al cual nos referiremos más adelante. Es evidente que la historia no es una historia de opresor/oprimido, desde ningún punto de vista, sino que se trata de un juego de seducción, en el cual no está claro quién ejerce la seducción sobre el otro, o en que momento uno u otro rol está operando, eso es precisamente lo que hace de ésta, una narrativa básicamente erótica. Como dice Jane Gallop:

> as with all seductions, the question of complicity poses itself. The dichotomy active/passive is always equivocal in seduction, that is what distinguishes it from rape.(413)[13]

El primer desplazamiento -madre a hermana- permite a su vez un segundo movimiento narrativo por el cual el hijo toma el lugar del padre. De esta manera el hermano es "hijo" y al mismo tiempo "padre" de la mujer. Este movimiento lleva al narrador al centro de una economía incestuosa. Desde cualquier perspectiva el objeto focalizado es la mujer, la figura femenina que ha sido nombrada objeto del deseo y cuya inclusión en la narrativa se debe al deseo del personaje masculino. El deseo se convierte en el motor de la historia que se cuenta, historia que no es otra que el deseo del personaje. El hecho de que el personaje sea el hermano en lugar del padre hace el relato menos horrendo, al mismo tiempo que permite operar el juego de la seducción con mayor libertad.

La juventud de los personajes es un elemento consustancial a la historia, debido a que la contemplación de los cuerpos es central. La mirada es uno de los motivos narrativos más elaborados en este cuento, el que incluso adquiere diversas formas, pero fundamentalmente se concreta en el motivo de la fotografía. La mayor parte del relato está hecho desde el diafragma de la cámara fotográfica; muchas veces lo que se narra es el movimiento del zoom, que entrega una vista detallada, agrandada y cercana de un objeto que se encuentra a una cierta distancia dada. La mantención del foco en la mirada que entrega la cámara, facilita una lectura estética, ya que así el incesto se percibe a un nivel idealizado y despojado de toda corporalidad. Lo cual no quiere decir que la narración esté desprovista de erotismo, muy por el contrario, la sensualidad y el erotismo son quizás los dos impulsos más poderosos de esta narración. Voy a volver sobre este punto más tarde, por ahora, me interesa referirme a la proposición estética presente en esta escritura. La estilización del cuerpo femenino es requisito fundamental para la estética del cuento y para ello es necesario que se trate de un cuerpo presente en la formulación que el otro hace de su espacio, pero cuya corporalidad no se presenta sino en los rasgos laterales incorpóreos, los cuales se diluyen sobre todo en la línea y en los juegos de luz y sombra más que en la piel misma. El erotismo del relato entraba en un mismo gesto elementos que provienen de ámbitos distintos, a fin de hacer de ellos espacios en los cuales se articula el incesto como proposición subversiva de las normas sociales establecidas. Una advertencia de estos desplazamientos de motivos en la narración nos la da el siguiente párrafo:

pienso en cosas   dulces y sensuales, tomar fotografías, escribir poemas, amar a la hermana, cada una de las cosas por separado y después todas ellas juntas (19)

Si tomar fotografías y amar a la hermana son elementos intercambiables es porque ambos proporcionan placer estético y porque así el cuerpo de la hermana deja de ser cuerpo específico y particular para pasar a ser objeto del deseo diseñado por la mirada del otro. La cámara fotográfica actúa como extensión de la mirada, como elemento mecánico que magnifica el poder del portador y le otorga a la mirada el poder de invadir la privacidad de la hermana. Explícita intrusión del falo en el plano simbólico, el lente erotiza el relato y lo llena de sensualidad. Incluso si no recordamos que este libro está prologado por Cortázar y que hay frecuentes alusiones al escritor argentino en él, no se puede dejar de observar la relación intertextual que este texto tiene con el ya clásico "Las babas del diablo," (1959) a partir del cual Passolini realizara la película *Blow Up* (1968) Quizás la conexión más delicadamente trabajada entre los dos relatos sea la configuración de una narrativa difusa y provocativa que se abre al deseo y que no repele la perversión, más bien la atrae como lugar del misterio - esta vez huella reconocida de Poe en Cortázar [14]- y como posibilidad de pregunta y respuesta por lo inefable. Las preguntas exploradas en ambos textos se mantiene en el nivel de la ética y de la estética; sin embargo, el texto de la escritora uruguaya ha dado otro giro a los valores en juego en el relato. En este cuento el cuestionamiento hacia las estructuras sociales se enfrenta con la pregunta acerca de la identidad del sujeto.

El rol de la cámara fotográfica ha dejado aquí de ser cómplice del narrador masculino, no se ha borrado la función hostigadora y violadora del lente, pero lo que ocurre es que Peri Rossi subraya la lógica del poder que con tanta astucia opera en el cuento de Cortázar y que quedaba enmascarada en la retórica de una poética no tradicional.[15]

Por un lado, Peri Rossi se sitúa en un mapa que la pone en diálogo con la tradición más reconocida de América Latina - es obvio que la escritora está reclamando el espacio de hija del Boom, de Cortázar específicamente,- pero ese mismo mapa la instala en las coordenadas de la crítica y la reescritura de ese mismo punto de referencia. Es en este sentido que la elección de un narrador masculino se convierte en sintomático significante.

Peri Rossi está aquí desafiando el modelo de construcción del objeto del deseo en el texto, ya que el movimiento erótico se desarrolla en una sensualidad construída conscientemente en torno a una economía femenina, desde un punto de vista feminista.[16]. De esta manera, aunque el narrador es un sujeto masculino, Peri Rossi no lo escribe con una lógica tradicional, sino que con un diseño de placer femenino, lo cual en cierto modo reivindica así la posibilidad de cambio del sujeto y al mismo tiempo permite a la narrativa trasvestirse en un sujeto de sexo masculino para poder expresar la erótica en torno al cuerpo femenino y sin embargo hacerlo de una manera diferente a la que hemos conocido. Peri Rossi repite y desarrolla esta experimentación en el plano del narrador masculino diez años más tarde en *Solitario de amor* (1986) y allí está de nuevo tematizada la problemática del género como construcción cultural.[17] Creemos que el análisis que Gabriela Mora hace del nivel experimental de la trama en *Solitario de amor*, es perfectamente aplicable al cuento que nosotros trabajamos aquí, el cual puede incluso ser leído como un antecedente de la novela. Esta proposicón escritural de Peri Rossi se cruza con la noción de que es posible (todavía) reescribir a la mujer, desde otro punto de vista. En ese sentido se puede decir que la escritora uruguaya está estableciendo puntos de contacto con una narrativa experimental feminista y en ese sentido, la utilización del narrador masculino es un desafío en la escritura de Peri Rossi, aunque también es posible leer esta narrativa como un acto de trasvestismo del sujeto femenino que no se permite a sí mismo mostrarse como lesbiana abiertamente, aún cuando cuenta con esa lectura entre las connotaciones del texto.

Aún cuando el acto sexual incestuoso no ocurre de hecho en el texto que leemos, lo cierto es que la única resolución posible de la historia que se narra es la consumación del incesto, cuya promesa permite cerrar la narrración. Que el desnudo fotográfico sólo pueda ser leído como metáfora del incesto es una constante que permite y regula la narrativa del relato que nos ocupa. El hecho de que el texto no pueda ser leído fuera de la dinámica incestuosa nos dice que haber dejado afuera el acto en sí parece una respuesta a necesidades que provienen del interior mismo de la narrativa, más que a un gesto de autocensura de la autora, lo cual puede corroborarse dado que ya hemos visto que en esta cuento no se busca precisamente la censura, sino que la subversión de las normas sociales establecidas.

En esos términos, podemos decir que el texto de Peri Rossi es profundamente transgresor, ya que llega hasta el límite de quebrar la norma tal vez más básica de la cultura occidental: el tabú del incesto, sobre el cual se construye la noción fundamental de "la familia" como núcleo básico de la organización social que conocemos. En este sentido, el tratamiento de Peri Rossi es diferente al de otros autores, como Juan Rulfo, quien en *Pedro Páramo* (1955) presenta un caso que se somete totalmente al tabú, mostrando el incesto como símbolo de la decadencia del mundo narrado, aún cuando la historia en sí aparece irreverente porque muestra el incesto. Sin embargo el incesto le sirve a Rulfo como metáfora de un mundo cuya dinámica se ha paralizado porque se ha quebrado el sistema de prohibiciones sociales. Cosa parecida ocurre en el incesto presentado en *Cien años de soledad*,(1968) donde el único representante de la quinta generación de los Buendía - hijo del enloquecido amor de los medio hermanos Aureliano Buendía y Amaranta Ursula hace cumplir la maldición que recaía sobre la familia: un hijo con cola de cerdo. De modo que en ambos casos el incesto se presenta para legitimar una narrativa patriarcal dictada por la Ley del padre.

Otro punto de interés es que uno de los niveles de enmascaramiento del cuento sea político y antidictatorial. Dos o tres menciones a los mitines y a las "pegatinas" antidictatoriales en las cuales la hermana participa traen la coyuntura socio-política uruguaya al nivel narrativo. Una de ellas es la siguiente:

> Descenderemos rápidamente, con los baldes y las brochas y los carteles que hay que pegar. Uno se quedará de guardia. Uno o dos.

Pero yo estaré contigo, mientras tú, alegre y descuidada, estampes en los edificios nuestros carteles. Abajo la tiranía, viva la libertad. Patria para todos o patria para nadie. Y las sirenas aullarán aproximándose. ¿Quién nos delatará esta vez? (24)

La dictadura militar queda establecida como escenario del relato, la militancia de izquierda de los protagonistas es un elemento más en la caracterización de los personajes. La militancia antidictatorial los muestra como jóvenes normales, sanos, idealistas. La militancia de izquierda es en América Latina a esa fecha un certificado de decencia. Es la dictadura la que comete los crímenes, las inmoralidades y los horrores. De modo que el que ambos hermanos sean militantes es también un elemento que juega a idealizar la relación incestuosa, dado que se da en un contexto idealista, sano, decente, en el cual la perversión o el crímen no tienen cabida.

La mujer militante de izquierdas aparece aquí también, pero el asunto no se tematiza como en los textos de Barros y Valenzuela. El hecho de que ella sea militante, -probablemente del Movimiento Tupamaro, por la consigna de "Patria para todos o patria para nadie"- es más que nada una marca generacional del texto, se trata de mostrar una generación uruguaya que participó de la política militando en la clandestinidad, porque la dictadura prohibió la participación ciudadana y eran los militares quienes controlaban todos los estamentos de la sociedad civil. La participación de las mujeres en esa generación es un hecho dado, no es ya un elemento de controversia y de ese modo lo presenta Peri Rossi. Es indudable que esta lógica es posible en un texto latinoamericano sólo después del movimiento de mujeres y la significativa participación de las mujeres - especialmente jóvenes- en la política clandestina durante la dictadura.

La dictadura como trasfondo de esta historia opera más bien como reverso del incesto que como una narrativa fraticida. El régimen militar y la doctrina de la Seguridad Nacional representaron en los años setenta y ochenta la división horrorosa de nuestro pueblo. No se puede hablar de guerras civiles en términos exactos (porque una de las partes no contaba con fuerzas armadas), pero sin duda que Peri Rossi capta la subjetividad frente a esta "guerra" que desunió a los pueblos latinoamericanos y dejó heridas que serán muy difíciles de curar. Las luchas fraticidas implican una narrativa en la cual el incesto es irrealizable. La narrativa de Peri Rossi permite ver que en el contexto de lucha fratricida la realización del amor entre hermanos es imposible de conseguir. La felicidad de los hermanos es imposible tal vez en ese contexto, y por eso que se escoge un escenario romantizado, ajeno, idealizado como la playa, pero sin embargo la protesta de Peri Rossi consigue dejar el cuento con un final que no se somete a la prohibición. El tabú existe, pero al final, la conciencia narrativa está "casi" segura de que los hermanos van a lograr su unión, a pesar del tabú, y ello los hará felices.

Naomi Schor, haciendo un análisis histórico de la narrativa de George Sand, sugiere que hay una vinculación entre una narrativa de la guerra civil y una en la cual el tabú del incesto se organiza. Dice Schor que en la narrativa de Sand:

> a certain happy ending becomes unstuck and the fundamental unsociability of human desire cannot be accommodated within the framework of the narrative; the bloody civil war has left its mark on this tale of the impossibility of two brothers achieving happiness.[18]

El riesgo en la vida de Alina no está en lo público, sino en lo más privado. La línea más transgresora de la narrativa es sin duda el incesto. No en vano Peri Rossi pone las pegatinas nocturnas en la lista de aquellas cosas tradicionales y conservadoras a las cuales el protagonista está dispuesto a renunciar, ya que claramente representan el pasatismo y el conservadurismo. Poco antes del desenlace, cuando el "tomarla por la cintura, alzarla y recogerla, y con ella en brazos echar a correr" es todavía la expresión de un deseo, se entrega la siguiente lista de las cosas que atan al hermano a las convenciones y lo someten a la norma social:

> [quisiera] abandonar para siempre la playa, la plaza, mi mamá, el instituto, las pegatinas nocturnas, las disculpas, los recuerdos.(25).

Nuestra lectura está interesada en la dimensión política que el texto propone, no sólo por las directas alusiones a la situación política uruguaya, sino sobre todo en tanto texto del deseo y narrativa de incesto. La noción de que la sexualidad pertenece al espacio de lo privado es constitutiva del pensamiento liberal, y en nombre de este principio es que la legalidad se ha extendido a fin de proteger las libertades individuales. Sin embargo, incluso dentro de esta tradicicón, temas como la homosexualidad, el aborto y el incesto resultan muy conflictivos. Esto será más fuerte en el contexto de la sociedad latinoamericana, que se inscribe en una tradición católica, la que en cuanto a los temas relativos a la sexualidad es particularmente conservadora.

Se trata de esos temas que se sitúan precisamente en el contorno de las normas que permiten el funcionamiento de la sociedad. El sistema de prohibiciones que se articula en torno a las relaciones sexuales entre los miebros de la misma familia es sin duda uno de los límites fundamentales para que sea posible la conformación social tal como la conocemos. El tabú del incesto juega un rol primordial en la definición básica de familia como lugar en el cual se encuentran las leyes naturales con las normas culturales. Para Lévi-Strauss es claro que:

The prohibition of incest is less a rule prohibiting marriage with the mother, sister, or daughter, than a rule obliging the mother, sister, or daughter to be given to others. It is the supreme rule of the gift, and it is clearly this aspect, too often un-recognized, which allows its nature to be understood. (481)[19]

El análisis sociológico feminista ha constreñido y desnudado la noción de "regalo" (gift) para mostrarla directamente como bien con "valor de cambio" en el mercado, de modo que la mujer (la hija) pasa a ser un bien a través del cual diferentes miembros de la sociedad establecen una relación económica.[20] Nosotros creemos que la tradición literaria hispanoamericana nos da sobrados motivos para incorporar esa visión en nuestra lectura, sobre todo si hemos de sumar el tan evidente tema del honor en nuestra cultura, el cual ha dado origen a todo tipo de expresiones literarias, en todas las cuales el subentendido es que el padre y los hermanos han de "cuidar y defender" el "honor" de la hija/hermana, para que ésta llegue "virgen" al matrimonio. O como dice Twitchell:

The father guarantees the virginity oh his daughters in order to assure equitable reciprocity, much a producer of a commodity protects his future entry into the market as a consumer by delivering his goods according to a common standard.(258)[21]

El cuento de Peri Rossi no se escribe de una manera evasiva ni tampoco juega con las metáforas de primer nivel. Muy por el contrario, - y quizás eso sea lo más diferente del texto - presenta el incesto de una manera directa y abierta, diríamos que casi con ingenuidad, como si el sistema de prohibiciones no existiera. El texto se propone en el plano de la fantasía erótica y así este relato se escribe como desconstrucción del tabú, tejiendo un texto que se atreve a inscribirse en las márgenes del discurso permitido. Este es un texto sobre el proceso de individualización del sujeto, y es al mismo tiempo una retórica del incesto. Es interesante anotar que el proceso de diferenciación sujeto/objeto, se conjuga aquí con el deseo incestuoso. De alguna manera, esta narrativa está consciente de la importancia del complejo de Edipo en la formación del individuo y al mismo tiempo ofrece un relato que critica la perspectiva freudiana, en el sentido de que, por un lado, evidencia el funcionamiento de la Ley del Padre y por otro, insiste en el rol de la madre en este proceso. De algún modo, el texto se instala en un proceso en el cual la atracción hacia la madre no requiere de un rechazo absoluto, sino que tal vez de un encuentro amoroso. No creemos que el texto resuelva a un nivel narrativo estas cuestiones, pero sí que juega con ellas, aceptando inscribirse en una economía que se aproxima a las críticas que de Freud hace Kristeva, basándose a su vez en Lacan.[22]

Porque lo importante es que el texto constituye una narrativa de la seducción, la perspectiva de Peri Rossi coincide con el análisis de Luce Irigaray, en el cual lo que hace es desenmascarar el análisis de Freud, mostrando que la imposición de la Ley es perentoria para ocultar el rol seductor del padre, el cual en el fondo establece el tabú, la prohibición, para salvarse él, no a la hija. Para Irigaray:

> Thus is not simple true, nor on the other hand completely false, to claim that the little girl fantasizes being seduced by her father, because it is just as pertinent to admit that the father seduces his daughter but that, refusing to recognize and realize his desire - not always it is true -, he legislates to defend himself from it. (subrayado en el original)[23]

En el cuento de Peri Rossi, la explicitación del tema es más que suficiente como para provocar una lectura profundamente crítica de la institución familiar. Ya dijimos que en la presentación, la figura de la hermana aparece como una transferencia que ocupa el lugar de la madre, como alusión directa al Edipo presente en el texto. Para que no haya dudas, se explicita que "amar a la hermana" es una de las "cosas dulces y sensuales," que se pueden vivir. Cuando se asigna el objetivo del discurso filial:"Quiero fotografiar a Alina desnuda. Se lo he pedido, se lo estoy pidiendo todos los días," se lo hace dentro de esa cadena del discurso. De modo que la racionalidad del texto no es en ningún caso elusiva del tema, sino que lo hace explícito en más de una oportunidad; la mayoría de las veces dentro de la metáfora de la fotografía , siendo el foco de la cámara el símbolo fálico. Tomarle una foto a la hermana desnuda constituye a la vez la metáfora del acto incestuoso y una sublimación del acto mismo, no en un plano ético o moral, sino que en el plano estético, ya que la fotografía pasa(ría) a transmutar el hermoso cuerpo de la hermana en un objeto de arte. Una de las escenas que muestra este doble movimiento en el texto es la siguiente:

Din 21,100 Asa, diafragma: 5,6; 60 de velocidad. Ella se ha fijado como una estampa, Din 21, estamos casados, cuando éramos pequeños jugábamos a estar casados, Asa 100, ya no es lo mismo, mamá se ha enojado junto a la verja, apertura 5,6, ¿cómo abrirá ella sus piernas?
-Alina, Abre las piernas. (23)

La mayoría de las veces la elusión en el texto no va más allá que el uso del Condicional:(Cómo la amaría) Pero hay momentos en que el tiempo presente se apropia del relato, (Cómo la amo) para revertir la narrativa y llevarla por derroteros en los cuales la propuesta incestuosa se hace más explícita.

La constante narrativa más evidente en el relato la constituye sin embargo el desplazamiento, esto es, el uso de un término como reemplazo de otro que se reprime. Se trata de una parodia del mecanismo freudiano de la transferencia, por el cual el subconsciente sustituye un objeto reprimido por otro, pasando éste a ser un significante del primero. Digo que aquí se trata de una parodia, porque este relato trata más bien de evidenciar el mecanismo y de darle validez como fuerza motora del relato. El texto de Peri Rossi más bien expone el mecanismo y lo revierte, porque en lugar de "reprimir" uno de los términos, se lo reemplaza por otro en un gesto que más responde a las necesidades del impulso erótico, operando otra vez con la seducción dentro del texto. "Ella tenía una pequeña piedra en la mano" dice el narrador y luego cuando ella arroja la piedra lejos, dice que siente "un dolor de objeto destrozado," para hacer más evidente el mecanismo, en las siguientes líneas:

fui la piedra fugaz tragada por el agua, por qué me desprendiste, por qué de la mano por el aire al mar, no sabes el dolor que me has causado. Tomó otra piedra, pero esta vez la retuvo entre las manos. Muchas gracias - le dije,- no hubiera podido resistir el lanzamiento otra vez.-
Ella la miró dándose cuenta, la acarició- Fue sin querer- me dijo - no quise lastimarte.(20)

De modo que ella está también consciente del contenido erótico del relato, ella está"dándose cuenta" cuando "acaricia" la piedra/hermano, en uno de los momentos en los cuales la relación erótica se da a través del mecanismo de desplazamiento al que nos referimos. Lo mismo ocurre en varias oportunidades y cada vez los desplazamientos van siendo más eróticos, - como es el caso de la huella del pie de la joven en la arena, que sustituye su sexo, que el hermano acaricia, para finalmente explicitar:

> en la pequeña cavidad [de la arena] he puesto la mano. He dejado la mano allí , *como sobre su sexo.* (19)(El énfasis es mío)

La cámara sigue a la hermana, "como un animal dócil, oscuro" la mayoría de las veces con una carga fálica evidente, hasta que logra equiparar el acto de tomar la fotografía del desnudo con la consumación del incesto. Lo que ocurre aquí es que el acto no es una violación, sino que un acto de seducción, cuya única resolución es el amor. De modo que Peri Rossi hace las dos cosas, deliberadamente en el mismo texto: exponer el sistema de prohibiciones con el cual el padre legitima su poder y, por el, otro lado, hacer evidente que la seducción es un camino posible en el cual la mujer puede permitirse expresar su diferencia. Según Janet Gallop, cuando Irigaray plantea el tema de la seducción de la hija no se atreve a dejar abierto el camino del amor en el proceso de diferenciación. Gallop plantea que aceptar la seducción es una forma de oponerse a la Ley del padre, ya que el amor siempre ha sido un deseo sublimado e idealizado, no negado por la imposición de la prohibición.[24]

En el cuento de Peri Rossi, en cambio, la seducción se hace evidente porque el erotismo es parte sustantiva del relato, el cual imprime un ritmo especial al texto, el que se da, por ejemplo, en la cadenciosa descripción de las partes del cuerpo que se fotografían entomas de primer plano: "Primer plano de sus piernas larguísimas caminando..." y sobre todo en las descripciones de la hermana, las cuales se demoran en una adjetivación erótica producto de una mirada que erotiza el objeto/cuerpo que describe. Como ocurre en el siguiente párrafo:

> ...el busto leve, el cuello fino, la cabeza moviéndose al viento y del conjunto, una lascivia cadenciosa, un sigilo de pantera, perezosa lujuria (21)

O en el siguiente:

> ...termino sentado a su lado, tocándole la pierna. Una larga penosa caricia. Penosa porque es lenta, tímida, cobarde. Le estoy tocando el borde del pantalón, el costado cosido, la costura que termina en el pie.(23)

En general es ese el tono del relato, sensual, contenido y ansioso. De modo que el texto se desliza por ese derrotero para que el final tenga sentido. De modo que cuando ambos abandonan al novio, tras la insistencia del hermano, resulta predecible que esta vez la hermana asumirá su rol en la relación y consumarán el incesto. El lleva la cámara consigo y los dos corren, alejándose del novio. Y entonces el discurso del narrador se confunde, o pretende confundir al lector, el caso es que no está claro quién de los dos dice "Dejémoslo solo," porque primero se dice "ella me susurra" y a renglón seguido, "¿O he sido yo quién lo he susurrado?". Y desde ese momento comienza el desenlace, el cual une en un ritmo vertiginoso los deseos expresados por el narrador con las acciones que se precipitan. El siguiente párrafo expresa la transición del deseo hacia la accción de llevarse a   la hermana lejos:

> podría levantarla como una pluma puesto que he crecido tanto desde que dormíamos en el mismo cuarto, puedo tomarla de la cintura, alzarla y recogerla, y con ella en brazos echarme a correr, alejarnos, abandonar para siempre la playa, la plaza, mamá, el instituto, las pegatinas nocturnas, las disculpas, los recuerdos, entonces la tomo de la mano, la ayudo a correr, ella ríe encantada, Mario [el novio] queda cada vez más lejos. (25)

Nótese el paso del uso del condicional al comienzo y luego la forma del tiempo presente (que sin embargo expresa todavía una acción hipotética), para terminar con un uso del presente propiamente tal. Ahora los dos hermanos corren, en una escena que no sólo muestra la liberación de las trabas que les impiden ser felices (la madre, la ciudad, la política) sino porque han conseguido finalmente ser felices. "Ella goza, yo gozo" y por cierto, el tercer miembro del triángulo ha empezado a borrarse de la foto. Ella insiste una vez más, pero al hermano no le resulta difícil convencerla de que sigan corriendo juntos. Y es en ese momento en que finalmente, él puede estar seguro de que "ahora sí" la fotografiará desnuda. En ese momento, el sujeto está seguro de que se consumará el incesto. Lo que en este contexto, es lo mismo que decir que se llegará   ser un sujeto independiente y felíz, libre por fin de la Ley del padre y dueño de su propia individualidad.

La rebeldía cotidiana: Las tías de ojos grandes de Angeles Mastretta

Mujeres de ojos grandes (México: Cal y Arena, 1990) es un libro de relatos breves sobre mujeres de los años treinta, cuarenta o cincuenta, a las cuales la narradora llama cariñosamente "tías." El libro es formalmente poco convencional y no podemos decir que sea una novela, ni una nouvelle, ni exactamente una colección de cuentos, aunque es esta la caracterización más cercana y la que nos permite incluir estos textos en nuestro trabajo crítico. El texto está constituido por treinta y cinco relatos breves, algunos brevísimos, sin título que los distinga y sin otra marca unitaria que la voz de la narradora. Todos se refieren a una "tía" en particular y están narrados en tercera persona. Como los relatos son muy breves, creemos necesario trabajar con la totalidad del texto y concentrarnos en algunos fragmentos específicos, ya que es el propio texto el que no nos permite trabajar con un sólo cuento porque, a pesar de que presentan una historia completa, su sentido (feminista) está en interrelación con los otros fragmentos.

Si hay alguna caracterización que resulta adecuada a este texto es la que Jameson describe como muy propia del postmodernismo, que es la de utilizar el pastiche, sumado a una especie de nostalgia por un pasado que en realidad nunca existió.

De este modo, el autor posmoderno, "instead of attempting to resuscitate some older form of social realism, an alternative that would itself become another pastiche," trabaja con el texto de una manera que Jameson llama "homeopática," ya que consiste en desconstruir el posmodernismo mediante dosis del propio posmodernismo:

> To work at dissolving the pastiche by using all the instruments of pastiche itself and to reconquer some genuine historical sense by using the instruments [of what Jameson has called] substitutes for history.(19)[25]

Sustitutos de la historia son los mitos, las leyendas, testimonios, cuentos populares, chismes, folletos de propaganda, películas, programas de radio y televisión, la moda, etc. Estos recursos son precisamente los que Mastretta utiliza en este libro. Podemos decir que éstos son textos sueltos, que cada uno de ellos es independiente y, sin embargo, que su sentido varía por el montaje en el cual se los ha articulado. La voluntad de poner ciertos textos en cercanía opera como un elemento catalizador, aún cuando la voluntad que organiza el texto no sea capaz de organizar un discurso global, o m ás bien, no esté dispuesta a entregar una visión totalizante. La fragmentación característica de la textualidad postmoderna, a la que nos referimos en nuestro primer capítulo, vuelve a aparecer ahora en el texto de Mastretta, urgiendo a que nuestra lectura tome una postura ecléctica para acoger la crítica de un texto que se escapa de las convenciones literarias de la modernidad.

Algunos de estos fragmentos resultan verdaderas viñetas, que presentan un personaje caracterizado con sólo algunos rasgos sustantivos y se los muestra desarrollando el nudo de alguna acción específica, siguiendo una estructura similar a la del cuadro en una obra dramática. O tal vez sea más apropiado decir que el texto resulta una gran arpillera que muestra mujeres que conforman nuestro pasado reciente y que la autora quiere que conozcamos. Elaine Showalter elabora una preciosa base crítica acerca de la escritura de mujeres norteamericanas utilizando, precisamente, la metáfora del "quilting." Por cierto que no podemos asimilar el "quilt" norteamericano a la arpillera latinoamericana, pero sí nos interesa reconocer una ligazón entre ambas, ya que ambas metáforas surgen de la recuperación feminista de un trabajo "tradicional" femenino y además ambos implican un trabajo "artesanal," que es como se ha querido llamar a la creación de objetos que cumplen una finalidad práctica, pero que son hechos a mano por alguien que pone no sólo trabajo y dedicación en ello, sino también su talento creativo, aún cuando la finalidad primera del objeto sea muy pragmática: abrigar a la familia, la que en los fríos y largos inviernos de New England precisa de por lo menos cinco cobijas por persona; o bien, contar la historia de los desaparecidos y difundirla especialmente en el extranjero para buscar solidaridad, usar la arpillera como periódico cuando éstos eran censurados por la dictadura. En ambos casos la posibilidad de vender el producto ha sido un elemento muy importante no sólo en la motivación de las mujeres sino en los cambios que la venta y distribución ha operado en los grupos de mujeres que se organizan para ello. [26] Así como Margorie Agosín e Isabel Allende han utilizado la metáfora de la arpillera en su escritura, es interesante ver que también Lucía Invernizzi recoge la idea del "tapíz," dándole una función muy similar a la que da Showalter. Dice Invernizzi que:

> Como toda estructura que actualiza la figura del tapíz, [el relato] es tejido, texto que, junto con ser metáfora es realidad en cuanto se presenta como depósito en que el autor ha reunido elementos que exhibe y entrega al receptor como materiales para que éste, con ellos, construya la metáfora y participe así en la creación de la estructura de sentido que es el texto. De este modo, la creación queda definida como tarea conjunta de autor y receptor, actividad de intercambio y

diálogo entre escritura y lectura que [por lo tanto] genera un
producto también provisorio, inestable, contingente, nunca el mismo,
absoluto ni definitivo, sino múltiple, otro.[27]

Además de la idea de lo múltiple y de lo fragmentario, que
Invernizzi utiliza en el mismo sentido, hay otros elementos que
Showalter organiza que pueden también describir una narrativa
Latinoamericana, especialmente la que nos ocupa en este trabajo y la
de Mastretta muy particularmente.[28] La caracterización del fragmento
como espacio significativo de escritura es sin duda una de las
cuestiones que resulta más apropiada para la comparación. Showalter
dice que:

> Most of these women's texts suggest that the language or meaning of
> the quilt, its special symbolism, resides in the individual piece, the
> fragment that recalls a costume and a memory.(230)

De hecho, quizás lo único presente en el texto es un gran tapiz de
la conciencia de la narradora, una mujer que reconoce ser lo que es,
debido a la influencia que esas mujeres mayores tienen o tuvieron en
ella, de modo que nuestra lectura tiene la posibilidad de percibir la
toma de conciencia de su condición de mujer y también de su escritura.

Estas historias son nuestra única forma de acceso a la conciencia
de la narradora. Sin embargo no es cierto que los relatos estén allí
solamente para exponer la voluntad feminista de la autora, sino que
están allí en primer lugar, porque las historias de estas mujeres de ojos
grandes son dignas de ser contadas y de ser leídas.

Los ojos grandes constituyen una metáfora que mustra que todas
estas mujeres están alerta, son inteligentes y astutas, "con los ojos bien
abiertos", como decimos, para dar a entender que alguien puede
defenderse a sí mismo y no se va a dejar engañar fácilmente. De esa
manera es que las mujeres pudieron sobrevivir en un mundo hostil y
ganaron su independencia, con gestos rebeldes pero también con
mucha astucia. Todas ellas merecen ser rescatadas del olvido y todas
enseñan algo. Son mujeres corrientes captadas en momentos
significativos de su vida, en los cuales se aprecia la tremenda sabiduría
que estos personajes tienen.

El penúltimo relato cuenta la historia de una tía a la que se le había
olvidado vivir y sólo logra curarse cuando la madre se decide a:

> contarle las historias de sus antepasadas. Quiénes habían sido, qué
> mujeres tejieron sus vidas con qué hombres, antes de que la boca y el
> ombligo de su hija se anudaran a ella. De qué estaban hechas,
> cuántos trabajos habían pasado, qué penas y jolgorios traía ella como

herencia. Quiénes sembraron con intrepidez y fantasías la vida que le tocaba prolongar.(174)

La narradora se identifica con esa madre que en sus relatos "recordó, imaginó, inventó," historias de mujeres para darle a las mujeres jóvenes un sentido a su existencia, un sentido que recupera la historia de la cual hemos sido borradas. Los relatos de Mastretta no pretenden ser libro de historia ni mucho menos, sino que se reconocen invención, fantasía, juego lúdico. No sobre este libro, pero sobre su novela anterior, la propia Mastretta ha dicho:

> No sé con exactitud en qué momento lo real se torna ficción en Arráncame la vida. Sé que finalmente hubo en ese libro mucha más ficción que historia. [...] No sé si conté con esa voz una parte de la historia de mi país *o si la inventé por completo*. (El énfasis es nuestro)[29]

Es en ese contexto en que estas historias pueden leerse como "verdaderos" cuentos de mujeres, no en términos realistas, sino en cuanto a su honestidad y necesidad de hacer una suerte de justicia histórica. Estas son historias que es necesario que nos contemos entre nosotras para saber quiénes somos. Mastretta teje una narrativa de mujeres, "inventa" ritos que llenan los silencios de los libros de historia y los llena con mitos de audacia, de rebeldía, de decisiones, de independencia y de mujeres de ojos grandes, que simbolizan toda una estirpe de mujeres a la cual una se enorgullece de pertenecer. La narrativa de Mastretta constituye un método de toma de conciencia y supone el despertar de las que se reconocen parte de esta historia que no se encuentra escrita en ninguna parte. Mastretta espera que las que lean estas historias abran su mente para sentirse parte y se "despierten" es decir, que "tomen conciencia de su condición," como la joven mujer del relato que citamos antes, la cual se despierta "ávida y desafiante, como sería el resto de su larga existencia"(175). El texto plantea que sólo las mujeres podemos reconocer el valor que la recuperación de nuestra historia tiene para nuestra vida. Así, cuando la joven se cura, los médicos y los hombres de la familia le agradecen a los adelantos de la ciencia, pero el texto dice que sólo la madre:

> sabía a quienes agradecer la vida de su hija. Sólo ella supo siempre que ninguna ciencia fue capaz de mover tanto, como la escondida en los ásperos y sutiles hallazgos de otras mujeres con ojos grandes.(175)

El marco de estos relatos es entonces la fantasía, el juego de inventarse una historia y de atreverse no solo a creerla, sino que a proponerla para que otras la incorporen a su historia. Es por eso que el libro es también puro juego, en el que la sutileza y el desacato se anudan para tejer un complicado macramé de historias de ancestral sabiduría femenina en los cuales la narradora reescribe la Sherezada con diferente interlocutor.

Si estas historias pueden inventarse al antojo es porque no existe el libro de historia ante el cual los relatos puedan corroborarse. De modo que este libro se escribe en el reverso del silencio y en esa medida es también una narrativa interesada en cuestionar los parámetros en los cuales se funda la escritura de la historia. Estos relatos surgen de la pregunta hacia el tema histórico y la necesidad de reinscribir allí el (silenciado) texto de la mujer. Recordemos que en su novela anterior, *Arráncame la vida,* Mastretta hace de la reescritura de un tema histórico el asunto principal del argumento. En la presente colección de relatos este tema conforma el sustrato que alimenta la lógica narrativa que suplanta así el vacío dejado por la historia.

Una narrativa que cuestiona la legitimidad de la historia, es al mismo tiempo un texto que se escribe con la intención de validarse en la historia. Escribir como acto de inscripción de algo (previamente) borrado en el texto. Lo que estos textos buscan es la validación y el reconocimiento social de la existencia de ciertas mujeres que no se comportaron según lo que la norma social de la época exigía de ellas. Por uno u otro motivo, la conservadora y tradicional sociedad mexicana de medio siglo no fue capaz de contener la rebeldía de esas mujeres. Este texto busca salvarlas del olvido y en esa medida es un texto histórico, aún cuando lo que menos tiene es de documento que pueda exhibirse para legitimar la existencia de estas mujeres: sólamente aparecen presentadas por sus nombres de pila y no se da ningún dato que pudiera identificarlas. Así es que estamos frente a un texto que quiere ser histórico, pero no hace ni el más mínimo esfuerzo por seguir los códigos que pide la historia para hacer valer un texto.

Por el contrario, estas historias más bien se cuentan como cuentos de viejas, como chisme de comadres. Y es que también se trata de una voluntad por validar la literatura oral y de darle estatura a los textos orales que quedan fuera del círculo del discurso. La intertextualidad con textos folclóricos y de tradición oral, es obviamente enriquecedora para la lectura de este libro, sobre todo insistiendo en la idea de que el espacio oral es un lugar en el cual se puede leer la huella del texto de la mujer, que ha sido históricamente borrado, no sólo de la historia oficial, sino que de la historia de la literatura y de los libros en general. La escritura de Mastretta quiere aprovechar estratégicamente su situación privilegiada de ser texto escrito, y usar el poder de la escritura para darle valor a otros textos de mujeres que no han llegado a tener el estatuto de tales. Así leemos el chisme como elemento motor de estas historias - no siempre positivo, como veremos más adelante - y también los cuentos de la abuelas, los consejos de las madres y las confidencias entre amigas, los que forman parte de una subcultura femenina que Mastretta reivindica al reorganizarla de manera tal que deja ser alienante -como lo es muchas veces - para adquirir rasgos válidos de una cultura sojuzgada, lo cual llega incluso a transformarlos en subversivos. Otros autores latinoamericanos importantes han incorporado este contacto con la oralidad y la cultura popular en sus textos, conformando toda una línea literaria que va, en la narrativa, desde Cabrera Infante y Severo Sarduy, pasando por José Agustín, Vicente Leñero y toda "la onda" mexicana, hasta Manuel Puig, quien lo incorpora en todas sus obras, llegando incluso a escribir una novela fundada en la ficción de que su narrativa es la transcripción del chisme que se cuentan dos vecinas acerca, por supuesto, de una tercera vecina que nunca aparece por sí misma en la novela.[30] En poesía podemos citar toda la obra de Mario Benedetti y por cierto a Nicanor Parra, quien con su libro *Poemas y antipoemas* (1954) marca el inicio de esta corriente. De modo que Mastretta no hace sino sumarse a una línea de escritura, de la cual también participan autoras, entre ellas tal vez la más conocida sea Elena Poniatowska. [31]A pesar de ello, Mastretta se arriesga a ser desprestigiada por un sector de la crítica - masculina por cierto - que todavía considera que este tipo de escritura es "muy superficial" y no merece el privilegio de quedar en letras de molde. Camilo Marks, generaliza sobre la obra de Mastretta, aún cuando se refiere específicamenente a la novela *Arráncame la vida,* [32]y señala que:

> El problema es que Angeles Mastretta , que comienza su narración con cierta agilidad y de modo liviano, muy pronto abusa hasta la saciedad de esta aparente ligereza de pluma y convierte [la narración] en algo tan leve, tan insustancial, de tan poco peso, tan trivial y superficial, que da lo mismo leer 20, 100 o las 300 páginas.

No sólo eso, sino que el crítico se empeña en dejar bien claro que Mastretta no merece ser leída y añade que:

> Otro problema más grave es de caracter estilístico y literario, porque Angeles Mastretta realmente no sólo no escribe bien, sino que a veces simplemente parece no saber escribir.

Según el crítico, Mastretta no es sino una prueba más de que el movimiento de mujeres le ha dado un espacio público a mujeres que no se lo merecen. Para Marks, la escritora mexicana "parece más un típico fenómeno comercial promovido especialmente por el actual auge de las mujeres escritoras en el mundo."

Lo más interesante desde nuestro punto de vista es que el ataque del crítico se articule en torno al uso del recurso que nosotros valoramos en esta narrativa, el hecho de que se reinvente un uso para los elementos tradicionalmente concebidos como "femeninos." Para Marks, se trata de una:

> deficiente escritura [que] se prodiga en pasar lista a trajes, zapatos, vestidos, autos carísimos o mansiones [y] se deleita en la decoración de interiores o la nueva gastronomía.[33]

Desde nuestro punto de vista, el hecho de que todavía en 1993 sea posible leer este tipo de ataque virulento a la escritura de mujeres, es una razón más para encontrar muy valioso el esfuerzo consciente de Mastretta por incorporar estos elementos en su escritura. Esto a pesar de que Mastretta es una escritora suficientemente conocida, ya que aunque este es sólo el segundo libro publicado por la escritora mexicana, su primera novela obtuvo un incomparable apoyo de la crítica y de venta, como para estar ya traducida a más de diez idiomas. Otras escritoras latinoamericanas han trabajado esa línea que incorpora y revisa los elementos básicos de la subcultura "femenina" para extraer de allí elementos estructurales que potencian una escritura feminista y plenamente consciente de su condición. Estos recursos habían sido utilizado antes por algunas de las escritoras más conscientemente feministas de la generación anterior, como es el caso de Rosario Castellanos en "Lección de cocina" y "Cabecita blanca."[34] Allí Castellanos despliega su mejor narrativa propia de mujeres, como dice Hanna Geldrich Leffman:

> In 'Lección de cocina' Castellanos explores her feminist concerns through images of life as a text - the cookbook recipe as a sign for the recipe of a successful marriage. Here she uses femenine metaphors and the traditional scene of kitchen and honeymooon to transmit a radical message. [Thus] the text of the cookbook as the sign of marriage according to old Mexican recipes is here deconstructed through feminist, dialogic, intertextual means.[35]

Por otro lado, desde un punto de vista crítico, Kemy Oyarzún aboga por:

La necesidad de llevar a cabo , tanto en los ámbitos de la creación verbal como de elaboración crítica, una reinscripción simbólica e imaginaria de cuerpos y prácticas disvalorados en la cultura androcéntrica. (42)[36]

Precisamente eso es lo que se logra en libros como *Sopita de letras*,[37] de Cristina Pacheco y *Como agua para chocolate*,[38] de Laura Esquivel, que utilizan el tema de la cocina y las recetas, así como *Máscara negra*, [39]de Marina Arrate, que usa el maquillaje y la cosmética.[40]

Indudablemente Mastretta trabaja con la noción de "chisme" y la incorpora creativamente. Por eso es que no es necesaria la identificación precisa de las protagonistas, o tal vez sea incluso preferible evadir la precisión, por si acaso el cuento llega a oídos de alguien que lo tome a mal. Claro, siempre queda la duda que lo que se cuenta entonces sea "puro cuento" o "puro invento," esto es, lo que ya hemos dicho, ficción pura del que lo cuenta, donde lo que importa es la historia en sí misma. Lo que se quiere contar son las acciones de rebeldía que (de seguro) ciertas mujeres fueron capaces de hacer en esos años, cuando lo que generalmente se hacía era seguir los dictados de una sociedad que consideraba a las mujeres como seres pasivos que debían someterse al rol subordinado que les era "natural." De modo que a pesar de que estos relatos utilizan la "técnica" del chisme, hay un elemento sustancial que difiere del rumor común y es lo que se llama la "mala intención", es decir, la voluntad de provocar daño al protagonista de la historia. Pero la función de estos cuentos es exactamente la contraria: se trata de hacer notar hechos que destacan a las mujeres por su coraje, su inteligencia, su capacidad de tomar decisiones, su rebeldía y, en suma, cualquier característica que sea contraria a la imagen estereotipada de la mujer latinoamericana, mexicana en este caso. Se trata entonces de una escritura que se empeña en borrar la tacha que canceló estos actos para las mujeres y sólo los leyó en los que hoy día se llaman los "héroes" de la historia. Los relatos revisten así un caracter "ejemplar," y en ese sentido se quieren también apropiar de una tradición de escritura ejemplar. Se trata de una tradición que en general ha cabido dentro de los considerados subgéneros literarios, y que va desde la fábula hasta los cuentos para niños, pasando por los "exiemplos," las vidas de santos, la biografía y la autobiografía.

Ya dijimos que la forma como estos cuentos están escritos reflejan una preocupación por atraer el intertexto de los relatos orientales -*Las mil y una noches*, el *Calila e Ditma* - y creemos que la idea de reescribir la Sherezada tiene mucho que ver con la noción de "toma de conciencia" en la práctica feminista. Estos cuentos están escritos como los relatos de la princesa oriental, pero ahora estos cuentos no deben mantener la atención del sultán para así salvar la vida de la narradora. En esta versión de Matretta, los cuentos deben llamar la atención de las mujeres contemporáneas y de ese modo ayudarlas a "salvar" sus vidas, a darle sentido a las historias personales de las mujeres.

Las protagonistas de las historias son mujeres de la generación anterior, de la de quienes son ahora madres de mujeres maduras, la narradora las llama "tías" de un modo genérico y cariñoso. Esa caracterización las sitúa como mujeres nacidas alrededor de los años treinta, o entre guerras, mujeres de las cuales se puede ya contar la historia completa. Se trata de la generación de mujeres que vivió su vida adulta cuando las luchas de las sufragistas habían terminado, y antes de que comenzaran los movimientos de liberación de la mujer, tomando en cuenta que no existe un paralelo exacto entre esta generación en Latinoamérica y en los Estados Unidos.

Las mujeres acerca de las cuales se escriben estos cuentos en realidad prefiguran el proceso de apertura que permitió a las generaciones posteriores vivir con un grado mayor de independencia. Los actos inusuales de estas mujeres "de ojos grandes" están aquí mostrados como actos que de algún modo abren el camino a las manifestaciones callejeras o a los logros legales en los que se vieron envueltas las generaciones posteriores. Estas "tías" son las que comunicaron la sabiduría a las mujeres que hoy están cerca de .los cincuenta años y que son las que han participado en los movimientos de mujeres y para las cuales el comienzo de la vida adulta estuvo marcado, por un lado, por una época de grandes movilizaciones y despliegue de movimientos sociales y, por otro, de grandes represiones, como es el caso de la matanza de estudiantes en 1968 en México. De este modo el libro resulta también una especie de homenaje a las mujeres que han pasado desapercibidas, pero que han sido las madres o las tías a través de las cuales las generaciones actuales han aprendido el coraje y la rebeldía. Se trata de mujeres anónimas, mostradas en actos de la vida cotidiana, actos que sólo tienen valor como enseñanza para otras mujeres. De ellas se puede aprender el valor de criar los hijos sola, sin marido; o la fortaleza de poner un negocio y progresar por la propia industria; o el coraje de casarse con alguien que no era aprobado socialmente. No pocas son hermosas historias de mujeres solteras, mujeres que eligieron vivir solas y que son presentadas como ejemplos de coraje y de que vivir sola y ser independiente es algo muy positivo para la mujer. En este tema, como en otros, este texto se escribe como gesto contracultural en el marco de la sociedad latinoamericana en general, pero sin duda que se entiende como parte de un esfuerzo - generado por el movimiento de mujeres - por crear una corriente cultural positiva que aliente y sirva de modelo a las mujeres jóvenes. Todos los relatos tocan temas que de una u otra forma desafían las tradiciones, sin embargo, tampoco se muestran conductas rebeldes por el sólo hecho de reivindicarlas. En ese sentido, no podemos decir que éste sea un "recetario" de modelos de conducta para mujeres liberales, sino muy por el contrario, si hay algo claro en esta escritura es que no está proponiendo modelos de conducta a seguir, sino que evidencia que lo digno de mostrar es cómo estas mujeres saben tomar la decisión precisa que en un momento determinado es conveniente para ellas y las hace crecer como mujeres. Así como se presentan mujeres que se atrevieron a vivir solas o a dejar a sus maridos, se muestran también a otras que no dejaron a sus maridos después de descubrir que les eran infieles, sino que tomaron la decisión de seguir viviendo con ellos y lograron ser felices.

El fragmento dedicado a la tía Chila articula dos temas que nos interesan en el contexto de nuestro trabajo crítico: la mujer golpeada y el derecho al divorcio. Recordemos que el tono de la narración está muy lejos del alegato legalista y muy cerca de la fábula o del cuento oral, pero incluso así los temas se presentan muy clara y directamente y sin posibilidad de que la lectura pueda eludirlos.

Los elementos básicos que conforman al personaje están dados al comienzo:

> La tía Chila estuvo casada con un señor al que abandonó, para escándalo de toda la ciudad, tras siete años de vida en común. Sin darle explicaciones a nadie. Un día como cualquier otro, la tía Chila levantó a sus cuatro hijos y se los llevó.(47)

La tía Chila, como la mayoría de las mujeres presentadas en este libro, es una mujer de clase media, ya que tiene la suerte de que su abuela le herede una casa, sin la cual la historia de la mujer independiente dejaría de ser creíble. Es interesante que, a pesar del tono fabulado que adopta la narradora respecto al relato en general, hay una preocupación evidente por particularizar la situación económica de estas mujeres, sin mayores detalles, pero con absoluta precisión: hay mujeres como la tía Elvira, que "acabó dueña de una verdadera mina de sal: dos de los cinco primeros aviones que cruzaron cielo mexicano, tres de los primeros veinte rascacielos y cuatro hoteles sobre la costera de Acapulco" (157), o la de la tía Cecilia, quien ;

abrió una tienda de antigüedades. Empezó vendiendo las de su familia al montón de nuevos ricos en busca de abolengo que asolaban la ciudad, y terminó con una cadena de bazares por toda la república.(95)

Y por cierto está la historia que nos ocupa, la de la tía Chila, quien, después de heredar la casa de la abuela y de irse a vivir allí con sus hijos, puso una fábrica de ropa y "llegó a ser proveedora de las dos tiendas más importantes del país." (47)

Hay dos cuestiones que nos parecen interesantes, primero, el hecho de que no se disimula que ésta es una escritura de mujeres de clase media y segundo, el hecho de que los asuntos de la propiedad y el trabajo se toquen directamente.

Respecto de lo primero, teniéndose en cuenta el contexto político de la crítica latinoamericana, pensamos que es otro riesgo que Mastretta toma en su escritura, porque atreverse a mostrar como valiosa una experiencia que no puede exhibirse como estudio antropológico ni "representa" a las mujeres de los sectores populares es un desafío que la escritora mexicana toma sin ninguna estridencia. Más bien se trata de que su escritura valoriza la propia experiencia, a la vez que no se siente autorizada o a escribir en "representación" de otros. Por otro lado, nos interesa hacer la relación específica entre la necesidad de legitimar el espacio de la mujer de clase media y específicamente urbana, con la realidad del Movimiento de Mujeres en Latinoamérica, que en los años ochenta se desarrolló especialmente en los espacios más urbanizados de Latinoamérica - las superpobladas grandes urbes: México D.F., Sao Paulo, Santiago, Caracas, Buenos Aires - y estuvo especialmente convocado por mujeres profesionales e intelectuales, aún cuando captó grandes sectores de mujeres populares, especialmente en aquellos países en los cuales la lucha feminista fortaleció las luchas antidictatoriales. En el primer capítulo de este trabajo nos referimos ya a que el tema de la "representatividad" de los partidos políticos, fue uno de los temas más cuestionados en la crisis política de los años ochenta. La validez de los movimientos sociales, discutida en muchos puntos, se funda especialmente en su capacidad representacional, como vehículos presentadores de sus propias demandas ante el gobierno u otros depositarios del poder político. Desde nuestra perspectiva crítica feminista, nos interesa en este punto recalcar el hecho de que la postura que adopta esta escritura, que no elude el tema de clase, legitima su escritura como experiencia específica y a través de la particularidad de esa experiencia, comparte con todas las mujeres aquellas cuestiones que les son generales, sin borrar las diferencias entre los diversos sectores de mujeres. Es indudable que el texto privilegia una escritura de los asuntos que hacen convergen las experiencias de la mujer en el continente, pero no por ello trata de eludir los temas conflictivos que las separan, entre los cuales el asunto clase resulta ser muy significativo. Creemos que éste es un rasgo distintivo del feminismo latinoamericano en particular y no estamos de acuerdo con la crítica que Kemy Oyarzún hace al decir que "cierto feminismo crítico" en Latinoamérica, tiene la tendencia al esencialismo y, "cierta sordera frente a otras formas de opresión [como son el] racismo y el clasismo."[41]

La particularización de la situación económica de las tías evidencia que una narrativa de independencia para las mujeres tiene mucho que ver con la capacidad de subsistencia, cosa que en el contexto latinoamericano es básica desde una perspectiva feminista, debido a que la sobreideologización y la falta de pragmatismo hegemonizan el discurso imperante. La postura pragmática del texto no dura mucho, sin embargo, porque lo cierto es que esa veta práctica es parte de una textualidad mítica que Mastretta se esfuerza por crear. Se trata de una especie de nuevo mito de la mujer mexicana, un nuevo cuento, menos gastado y por cierto menos frustrante que el que ha operado hasta ahora. Y desde nuestro punto de vista, en ese sentido es que la narrativa de Mastretta resulta genial. Nos inventa una historia creíble, tan entretenida y verdadera, que deja de importarnos que sea verídica o no. Es un cuento que da gusto contarse y contarle a nuestras hijas, o sobrinas, según sea el caso.

Como la fuerza constructiva de este mito opera en todo el texto, también lo hace respecto de la situación económica de las mujeres, ya que con ello se intenta marcar el proceso de independencia de las tías. Es así que cada vez que se particulariza un asunto económico es para mostar que la mujer "llegó a ser" ésto o lo otro. Siempre se trata de personas que empezaron con poco o nada y que lograron como mínimo mantenerse solas, cuando no tener éxito total en los negocios y acumular dinero, con el cual garantizar su independencia. Así como es de específica la situación económica, es de general el relato acerca del cómo se ha logrado llegar a ella. En ese momento, la narración se vuelve otra vez de fábula y sólo importa contribuir a la fábula de que las mujeres son por eficientes y productivas. Con su característica mirada que ve el reverso de todas las circunstancias, Mastretta trata de recalcar el hecho de que es posible "sacarle provecho" a la experiencia de dueña de casa y tomarla como escuela para el trabajo en el espacio público. La tía Chila, por ejemplo, "era una mujer trabajadora, que llevaba suficientes años zurciendo calcetines y guisando fabada," es decir, siendo una dueña de casa corriente. Lo interesante es que la frase que viene inmediatamente a continuación, a modo de consecuencia lógica, no sigue la estructura lógica tradicional, sino que una lógica interna del relato que se organiza desde otro centro: un centro que no tiene que ver con la dominación machista de las mujeres "dueñas de casa," sino que con la mística feminista que articula esta mitología de la mujer autosuficiente y capaz de todo lo que se proponga. Así es que la tía Chila era una dueña de casa, "de modo que poner una fábrica de ropa y venderla en grandes cantidades, no le costó más esfuerzo que el que había hecho siempre." Y así fué como"llegó a ser" una gran empresaria. Como ellas hay muchas otras en estos relatos, mujeres determinadas, seguras de sí mismas (es decir, "que manejan sus miedos" no que no los tienen), apasionadas, soberbias, valientes y trabajadoras.

Así como son industriosas las mujeres de este texto, así son de poco prácticos y menos interesantes la mayoría de los hombres que se mencionan en estos relatos. Como es el caso de la tía Concha, quien se casó con un hombre tan inmaduro al cual:

> tuvo que tratarlo siempore como a un niño más. No era muy apto para ganar dinero y la idea de que los hombres mantienen a su familia, tan común en los años treinta, no le regía la existencia. (178)

Parecidos a este señor hay muchos otros "maridos" en el texto, los mejores de los cuales, no se puede decir que sean personajes muy interesantes. Como el esposo de Laura quien:

> Era un hombre de costumbres cuidadosas y horarios pertinentes, que se dormía poco después de las nueve y se levantaba poco antes de las seis.(103)

Muy parecido a este caballero parecía ser el esposo de la tía Chila, de los cuales los demás decían que:

> Era un hombre que en los puros ojos tenía la bondad reflejada y se veía como un señor tan amable que besaba la mano de las mujeres y se inclinaba afectuoso frente a cualquier hombre de bien.(47)

De modo que la gente del pueblo no podía entender cuál era la razón por la cual la tía Chila había abandonado a un hombre tan bueno. Los chismes maliciosos iban entonces dirigidos a desprestigiar a la mujer. Y vemos entonces que Mastretta muestra los rasgos negativos y destructivos del chisme. Recordemos que la autora lo utiliza en el texto como recurso literario, para valorar y recoger la cultura del pueblo, sin embargo en este fragmento (y en otros también) queda claro que su escritura critica y no permite mirar de modo romántico la cultura popular.

Sin embargo, el día en que el marido de una amiga llegó haciendo escándalo a la peluquería, con una pistola en la mano y golpeó a su mujer, la tía Chila se reveló frente a todos como una mujer de coraje y echando al hombre a la calle y lanzando su memorable discurso:

Usted no asusta a nadie con sus gritos. Cobarde, hijo de la chingada. Ya estamos hartas. Ya no tenemos miedo. Déme la pistola si es tan hombre. Valiente hombre valiente. Si tiene algo que arreglar con su señora, diríjase a mí, que soy su representante. ¿Está usted celoso? ¿De quién está celoso?
¿De los tres niños que [su esposa] Consuelo se pasa contemplando? ¿De las veinte cazuelas entre las que vive? ¿De las agujas de tejer, de su bata de casa? ¿De esta pobre Consuelo que no ve más allá de sus narices, que se dedica a consecuentar sus necedades? (48)

Y luego lo echa del lugar, provocando el ridículo del hombre que había llegado tan envalentonado. "Por fin lo dije," dice para sí la tía Chila, y luego "¡Cabrones éstos!" que son por supuesto los hombres que se creen con derecho de golpear a sus mujeres. Palabras de complicidad entre las mujeres cierran el fragmento, después de dejar claro que:

Nadie volvió a hablar mal de la tía Chila Huerta porque hubo siempre alguien , o una amiga de la amiga de alguien que estuvo en el salón de belleza aquella mañana, dispuesta a impedirlo. (48)

El fragmento de la tía Chila insiste en la opinión irreverente, irónica y cínica acerca de los hombres: como esposos son seres sin interés, como proveedores son un desastre, y sólo como amantes tienen algún encanto. Los amantes, sin embargo, tienen claramente las cualidades que la mujer que los ama cree ver en ellos, en tanto los ve románticamente. Porque es evidente, a través de todas las historias, que los que se salvan son la excepción, porque la mayoría de los hombres en estos relatos son como el marido de la tía José "que era un hombre sensato y prudente, *como los hombres acostumbran a fingir que son.* (174, el énfasis es mío)
Ese tipo de frases son frecuentes en el libro, en las cuales es notorio que hay un alto grado de ironía, aunque también es evidente que la narradora se lo toma con mucho humor. Por otro lado es cierto que éste es un humor muy "femenino." En el texto son las mujeres enamoradas las que ponen cualidades (imaginadas) en los amantes, como la tía Daniela, que " se enamoró como se enamoran siempre las mujeres

inteligentes: como una idiota." (159) El humor es un recurso frecuente que no deja que ésta se convierta en una escritura reivindicacionista, aquí no hay resentimiento, ni se trata tampoco de una escritura de ataque al machismo. La textualidad de *Mujeres de ojos grandes* es fundamentalmente un gesto afirmativo hacia las propias mujeres, donde no sólo hay que reirse de los hombres y sus pocas luces, sino también de las propias mujeres y sus historias, especialmente las de aquellas que, a pesar de todo, insisten en estar enamoradas.

Lesbianismo y otro modo de ser posible: "La elegida," de Lilian Helphick

Lilian Helpick es la menos conocida, la más jóven, la menos establecida de las escritoras con las que trabajamos en este libro y debido a ello, no existe todavía crítica sobre ella. Lilian Helphick es Licenciada en Literatura en la Universidad de Chile, nació en 1959 y, a pesar de haber publicado en diarios y revistas antes, este es su primer libro. *La última canción de Maggie Alcázar* es una colección de cuentos cuya calidad intrínseca nos da sobradas razones para ser incorporada en nuestro estudio. Más importante aún, Helphick nos permite mostrar que los rasgos que hemos definido como propios de la escritura de mujeres de los ochenta, funcionan como punto de partida para la lectura de la narrativa de los noventa. Publicado en 1990, este libro articula un ajuste entre las dos décadas y nos hace ver que los asuntos que aparecen como desafiantes en la escritura de mujeres de los ochenta, se producen en un contexto más natural y menos duro para las escritoras más jóvenes. Hemos visto que los temas que se refieren a la sexualidad y/o a la política, - y sobre todo aquellos que de algún modo articulan ambas- son parte sustantiva de esta escritura. Los textos de Mastretta y Helphick(ambos publicados en 1990) nos podrían hacer decir que en los noventa la escritura de mujeres tal vez necesite cada vez menos del texto politizado y le sea posible escribir con mayor libertad temas relacionados con la vida privada en general y con la sexualidad en particular. Sin embargo, es indudable que los temas relacionados con la justicia social y la necesidad del cambio en la sociedad es una constante que no va a desaparecer de la escritura latinoamericana, por lo menos en un tiempo cercano. Una de las cuestiones básicas en nuestra crítica ha sido mostrar que se puede establecer una relación entre esta escritura y la historia reciente del Movimiento de Mujeres. Un cuento como "La elegida" sería leído muy de otro modo si la lógica cultural latinoamericana no hubiera sido intervenida por el movimiento de mujeres. La práctica cotidiana del movimiento en todas las instancias sociales y la abierta participación de lesbianas en ellas, ha ido paulatinamente cambiando la percepción pública al respecto. No estamos diciendo que haya una total aceptación de la homosexualidad, pero sí que en la última década ha habido un tremendo avance en algunos países, y que de alguna manera se ha conseguido un grado mayor de tolerancia y respeto por las diferencias individuales.

Ya en nuestro primer capítulo nos referimos al hecho de que el horror de las dictaduras recientes provocó como reacción una contracultura antiautoritaria. La sistemática destrucción de aquellos que diferían del régimen militar horrorizó a la mayoría de la población. La revaloración de la democraia no fue sólo un acto político que logró finalmente terminar con las dictaduras, fue también un proceso más profundo que abrió mayores perspectivas para que la sociedad latinoamericana en su conjunto se cuestionara acerca de su identidad. Es un proceso conflictivo, doloroso, que recién está empezando a producir teoría, pero que puede ser muy significativo en las próximas décadas, cuando América Latina logre articular un discurso democrático propio. No sólo es necesario lograr los mecanismos sociales capaces de proteger el funcionamiento del respeto y la tolerancia de las diferencias, sino que se necesita encontrar las raíces de una tradición pluralista en nuestro continente - que ciertamente la hay - y elaborar con ellas un discurso que celebre las diferencias como fundamento del enriquecimiento de la sociedad en su conjunto. Es en ese contexto que las diferencias de orientación sexual pueden ser reconocidas como elemento constitutivo de la riqueza y la pluralidad de los pueblos y es en eso que el movimiento de mujeres ha influído mucho, con su sostenida práctica pluralista. Las muchas y variadas organizaciones de mujeres se convirtieron en espacios seguros para las lesbianas y al mismo tiempo se fueron derribando los prejuicios en su contra.

En Brasil desde hace años, y recientemente en México y en Chile, existen organizaciones de lesbianas dedicadas a la reivindicación de sus derechos. La participación de Latinoamérica en los eventos internacionales seguramente ha ayudado en este proceso, pero tal vez lo más significativo hasta ahora sea el reconocimiento público que de su lesbianismo hacen algunas muy importantes dirigentas feministas, intelectuales y escritoras.

No podemos decir que el tema del homosexualismo sea habitual en la escritura latinoamericana y mucho menos que la crítica haya puesto demasiada atención al respecto. [42]

Hemos elegido trabajar este tema con el relato de Lilian Helphick principalmente porque nos parece que recoge el estado en el cual está la sensibilidad de las mujeres latinoamericanas en cuanto al lesbianismo. Quizás lo primero que habría que decir es que el tema no es común en nuestra escritura y que el texto de Helphick constituye una de las contadas excepciones. Cristina Peri Rossi y Sylvia Molloy son escritoras abiertamente lesbianas. Peri Rossi no toca sino muy tangencialmente el tema en su escritura, en tanto Molloy ha escrito una novela de tema lésbico[43] y también se ha referido al tema en algunos de sus ensayos.[44] Sin duda que su presencia ha sido muy significativa para la escritura latinoamericana, así como lo ha sido el discurso de las chicanas lesbianas.[45] Que Helphick sea una escritora joven y que publica dentro de Chile (no en el exilio o radicada afuera) fueron razones que influyeron para elegir este texto. Nos interesaba ver cuál es el espacio que el lesbianismo ocupa dentro de una lógica textual que incorpora el feminismo. Con Helphick estamos hablando ya de una segunda generación, que probablemente se identifica con lo que algunos llaman posfeminismo, de modo que no se trata de una escritura feminista militante en el sentido de lucha y de denuncia. De alguna manera esta escritura se sitúa sabiendo que forma parte de un esfuerzo que otras antes han hecho y lo que nos interesa es ver hasta qué punto la escritura lesbiana encuentra un espacio legítimo en estos textos y en qué sentido se puede decir que la escritura de mujeres ha generado cierto grado de apertura en Latinoamérica, al menos en el nivel de la representación.

"La elegida" comienza con un epígrafe de Breton que nos remite de inmediato a una de los elementos significativos del relato: la noción del cambio de perspectiva narrativa y la interrogación acerca de la unicidad del sujeto que habla. El dístico de Breton lee como sigue:

Un coup de vent sur tes yeux et
je ne te verrais plus

Jugando con las expectativas del lector, el predicado cambia de perspectiva en el segundo término de la proposición, desarmando con ello la lógica tradicional, cuestión que si bien es bastante socorrida en la escritura contemporánea, no podemos olvidar que tiene su origen en los surrealistas que proclamaron el texto como espacio de manifestación de la lógica del inconsciente. Helphick juega también con la perspectiva en el relato, el cual está dividido en tres secciones (I, II, y III) para el efecto de entregar tres diversos momentos narrativos, todos los cuales tiene una perspectiva diferente, pero conservan el mismo narrador, que es una narradora en este caso.

La historia que se cuenta es el encuentro casual entre dos mujeres, el que incluye un alto grado de erotismo y una relación sexual explícita. La noción del encuentro casual le permite a Helphick evadir cualquier otro conflicto que no sea el de la legitimidad de las relaciones entre mujeres. La fuerza narrativa se concentra en la materialidad del encuentro de los cuerpos. Seguimos aquí la noción que Stimpson plantea acerca de la materialidad de la relación lésbica, ella dice que:

> [A lesbian] is a woman who finds other women erotically attractive and gratifying. Of course a lesbian is more than her body, more than her flesh, but lesbianism partakes of the body, partakes of the flesh. That carnality distinguishes it from gestures of political sympathy with homosexuals and from affectionate friendships in which women enjoy each other, support each other, and commingle a sense of identity and well being. Lesbianism represents a commitment of skin, blood, breast and bone.(301)[46]

El tono del relato es siempre nostálgico, excepto cuando se relata el contacto íntimo, en que el erotismo logra desarmar la nostalgia para construir una narrativa del placer y el gozo.

Al comienzo la mujer que narra pasea sin destino fijo y sin ganas bajo la lluvia. No hay mayores descripciones que las de las calles de un sector céntrico de Santiago, y de inmediato la presencia de una mujer que la atrae poderosamente, sin razón aparente, pero a la que se acerca para compartir horas de conversación, café y finalmente la intimidad de una pieza de hotel. El contacto íntimo entre las mujeres es parte sustantiva, no mero accidente, ya que el sentido del relato lo da el erotismo de la relación y la capacidad del texto de escribir el gesto erótico entre mujeres. El texto es lo suficientemente explícito como para no evadir que la pregunta por el lesbianismo pasa por el cuerpo de la mujer y sus formas de placer. Un texto como el siguiente está lleno de erotismo y, dado que las protagonistas son ambas del sexo femenino, resulta una narrativa bastante más transgresora que si se tratara de una pareja heterosexual:

> Yo le retiro el pelo húmedo de los hombros y lo ordeno hacia arriba, dejando libre su cuello, soplando despacio para darle más calor a sus orejas frías. Cierra los ojos y permite que le desabroche la blusa. Poco a poco va girando hasta encontrarnos en pechos que se rozan. Quiero que sus pezones aparezcan erectos y enormes. Los adorno de saliva. Sus pezones brillan rosados, ínfimos, como semillas de granada. Ella gime a medida que mi lengua baja hasta su ombligo. Se recuesta en la cama y abre sus piernas. Mi lengua desciende, ella se arquea, las caderas oscilan, me frena y susurra algo. (26)

Como puede verse el texto es suficientemente explícito como para que el relato transgreda las normas sociales de la escritura, al tiempo que rompe el tabú sexual, y en este momento debemos recordar otra vez que nos referimos al contexto latinoamericano, en donde la novela de Sylvia Molloy constituye una excepción, además de que efectivamente ha sido poco conocida en Latinoamérica, quizás debido a que la autora reside en los Estados Unidos y el libro se publicó en Barcelona. Creemos que el hecho de que el texto de Helphick esté publicado en Chile y escrito por una escritora que reside allá, obliga a tomar más en cuenta el circuito de circulación que el libro debe enfrentar. Está muy claro que el texto no se somete al tabú sexual y al mismo tiempo rompe con las normas del lenguaje socialmente permitido en nuestros países. Susan Rubin Suleiman, en un estudio acerca de los textos pornográficos de Bataille, señala que tanto Barthes como Derrida se han interesado en el concepto que Bataille tenía de la utilización de un discurso "escandaloso," Suleiman explica que en el pensamiento del filósofo francés:[47]

> The experience of transgression so defined is indissociable from the consciousness of the limit or prohibition it violates; indeed, it is precisely by and through its transgression that the force of a prohibition becomes fully realized. (120)

Y allí es donde el rol del erotismo entra en juego, como tan bien podemos ver en el texto de Helphick, ya que en la escena climática que parcialmente citamos anteriormente, hay una clara combinación de placer y de angustia, ya que el hecho de quebrar las prohibiciones es al mismo tiempo la conciencia de que esas limitaciones existen y son terriblemente poderosas sobre el sujeto. Es en esta experiencia profundamente contradictoria que el erotismo es sustantivo, ya que:

> [that] heterogeneous combination of pleasure anguish [is] acutely present in the interior experience of eroticism, insofar as involves the practice of sexual "perversions" opposed to "normal," reproductive sexual activity. (120)

Está claro que el texto estira lo más posible los límites del discurso tradicional, pero también este texto está muy consciente de que su gesto rebelde puede ser liberador sólo si logra permear las esferas del discurso dominante. De modo que Helphick se preocupa de abrir alguna puerta de escape para el que se resista a leer el texto lésbico. O tal vez sea que su texto va más lejos de lo que las convenciones sociales permiten al texto de la mujer y entonces quiere abrir una lectura que interrogue la noción de género en sí misma. Sin embargo, aún así, el texto ofrece dos o tres momentos que muestran la huella del borrón y de la autocensura. Uno de ellos es cuando se menciona, como al pasar, que ésta es una historia ocurrida en "un día imaginario." Lo cual, desde nuestro punto de vista, no es suficiente para borronear el texto erótico, ya que "imaginaria" o "real" es el deseo de la una por la otra lo que estimula esta narración. Posteriormente, cuando se evoca el encuentro, otra vez hay un intento de censurar la historia narrada, o de al menos cuestionar su veracidad. La narradora recuerda la voz de la mujer y luego asevera que ésa es una voz "que existe sólo en el recuerdo" (29), lo cual en vez de para borronear, sirve como una marca de que la relación que fue casual para la mujer, no lo fue para la narradora, cuyo deseo se enciende con el recuerdo de la otra. El cuento entero resulta de la necesidad imperiosa de comunicarse con la otra, a pesar de que le(se) dice (en la memoria) que ya no la busca. El relato no es sino una especie de carta a la otra, una carta que en vez de dirigirse al destinatario está escrita para que la persona que escribe encuentre sentido a lo que le pasa, que es la nostalgia por la pérdida de la otra, la que en efecto fue una relación pasajera.

El texto sugiere que una de las mujeres, la narradora, es abiertamente lesbiana, en tanto que la otra sería una mujer de conducta heterosexual, en la cual la relación lésbica puede no haber dejado mayor huella, o al menos así es como ella recuerda a Miriam, e incluso inventa que mientras estaba con ella "soñó con un hombre joven." De lo cual se puede deducir - sin ninguna certeza- que la narradora no es joven y que está celosa de que la otra pueda añorar una presencia diferente: un hombre, una persona joven. Algo hay de masoquismo en este pensamiento de la narradora, porque no hay razón para pensar que la otra de verdad esté "soñando" con un muchacho, pero ciertamente que consigue añadirle mayor complejidad al relato y constituir una narrativa interesante.

La nostalgia a la que antes nos referimos, no es sólo entonces por la pérdida, sino porque el gesto erótico no logra cruzar el puente que separa a las dos mujeres, a pesar de que la corporalidad de la misma hace que su relación no pueda ser negada por un romanticismo fácil. La narrativa se envuelve en una cierta actitud existencialista, en la cual lo único evidente es la soledad de la narradora. La nostalgia postmoderna viene a cuestionar esta postura existencial, ya que la sustituye por el reclamo constante de la presencia (de la otra) aunque se (la) sabe ausente. El nombre de la otra, Miriam, es la última palabra que se escribe en el cuento, como una rúbrica, como una despedida, pero sobre todo la rotunda presencia en el texto de quien se supone ausente.

Por otro lado, es posible que la narradora sea una mujer hasta ahora heterosexual, a la cual el encuentro con otra mujer le hace descubrir su lesbianismo. Si la lectura se asume desde esa perspectiva, el texto no deja de ser subversivo, tal vez lo es incluso más. Porque nada hay más amenazante para una mentalidad conservadora que la sola idea de que los límites no están claramente establecidos. Nada más amenazador para una persona homofóbica que la (horrorosa) idea de que los homosexuales no son "aquellas" terceras personas, que se pueden mantener a distancia y señalar con el dedo, sino que puede ser cualquier persona cercana, incluso alguien que es heterosexual, alguien que ha sido (o es) su amante, o su madre, o sus hijos. De modo que Helphick introduce un elemento narrativo muy importante cuando no establece una caracterización genérica exacta y detallada de la narradora. El texto exige una lectura plural, democrática y multiple. El texto obliga al lector a explorar sus propios límites y definiciones genéricas. La casualidad del encuentro entre las mujeres contribuye a crear mayor ambigüedad respecto a la condición previa de la mujer, lo cual por cierto abre la posibilidad de que la narradora bien pueda ser una mujer establecida, una "señora," casada, con hijos, o ser bisexual, o bien puede tratarse de una mujer sola, como prejuiciosamente se piensa que es una lesbiana.

Por otro lado, esta ambigüedad respecto de la orientación sexual de la protagonista introduce también un cuestionamiento de la unicidad del sujeto tanto a nivel sicológico como filosófico. Esta es una narrativa de la posibilidad del cambio y de la multiplicidad del sujeto, que se opone a una lógica unívoca y claramente delimitada. La identidad del sujeto no se establece por medio de fronteras que niegan otras posibilidades del ser, sino que la identidad es generada precisamente por el juego de múltiples posibilidades en un sujeto. En este caso es claro que la identidad del sujeto no está primeramente determinada por su definición genérica, de modo que su relación con otras personas puede establecerse libremente, sin que su comportamiento descanse en respuestas socialmente condicionadas. Helphick no escribe una literatura de protesta lesbiana radical y no se caracteriza por asumir el tema como una "causa," sin embargo es evidente que consigue una narrativa eminentemente lesbiana, que se permite jugar con el sistema de oposiciones binarias al mismo tiempo que presenta el desafío de la multiplicidad. La textualidad de Helphick logra trasponer el género y su sistema de equivalencias, lo cual, según Catherine Stimpson, es quizás uno de los aportes más sustantivos de la narrativa de Gertrude Stein y lo que la caracteriza como escritura específicamente lésbica.[48] Stimpson recalca que:

Only a lesbian like Stein, who parodied and rebelled against heterosexuality, could have acted out and on so many sexual codes. Only an experimental writer could have willfully written out those flexible texts that address both the heterogeneity that is one of gender's most fertile foes and the binarism that is one of its most rock-bound friends.(16)

La mujer dice:

Siento nostalgia por usted Myriam, pero ya no la busco, sólo la sueño. (29)

Después de lo cual la nostalgia vuelve a apropiarse de la perspectiva de la narradora, pero esta vez no es la ausencia, sino la presencia de la otra mujer la que organiza la nostalgia. Las mujeres no se ven más, aunque la otra es presencia constante en el deseo de la narradora.

Otra de las cuestiones que nos interesa es la disposición local de esta narrativa. La ciudad de Santiago, su gente en las calles, el tedioso clima y los ridículos recovecos de sus calles céntricas, con sus bares y hotelitos forman parte de una textualidad en la cual el mapa de la política local también tiene un rol. El tema es tangencial en este texto, más bien gravita como escenario de la historia y enriquece su significado. Por el contraste que se produce al mostrar, aunque brevemente, la represión existente en el país bajo dictadura, la relación de ambas mujeres aparece más obviamente como un espacio de libertad.

En este segmento nos interesa una aproximación política a la escritura lésbica y creemos que la escritura en primera persona en este caso es altamente política. No se trata en ningún caso de una pretensión testimonial, sino que la narradora escribe su propia historia. De modo que ésta es una narrativa en la cual la lesbiana posee la voz y por ende el poder de narrar, lo cual es política y filosóficamente muy significativo.

Por último, nos interesa decir que no creemos necesario, ni tal vez sea posible, generalizar conclusiones acerca de las "escritoras lesbianas latinoamericanas," y presentar alguna equivalencia entre ellas y las escritoras lesbianas negras, chicanas lesbianas u otros grupos que son identificables en los Estados Unidos. Las razones son para nosotros claras, primero, el hecho de que tal identidad no existe todavía como una comunidad, al menos hasta el momento, en Latinoamérica, ni en ningún país en específico. Las consideraciones anteriores no niegan el hecho de que sí existen algunas (contadas) escritoras que se reconocen abiertamente como lesbianas. Lo que no existe en Latinoamérica, hasta ahora, son escritoras lesbianas, cuya producción literaria pueda ser calificada de escritura lesbiana, en el sentido de que privilegien el tema en sus asuntos y personajes de ficción. Tal vez el nombre de Sylvia Molloy pueda surgir como una posibilidad en esa línea, aunque depende de sus próximas publicaciones y lo que sí es evidente es que Molloy, en cuanto académica, no se ha dedicado al tema con exclusividad. Ciertamente que tampoco es el caso de Peri Rossi, en cuya narrativa el tema no es sino tangencial. En ese sentido, no podemos decir que exista una literatura lesbiana, cosa que sí puede encontrarse en los Estados Unidos, donde existe incluso una crítica especializada que ha sido capaz de constituir un cuerpo específico de estudio y ha generado su propia dinámica crítica.[49] Puede considerarse que éste es un fenómeno marginal(izado) dentro de las instituciones norteamericanas, y tal vez sea cierto que constituye una realidad ajena a Latinoamérica. Lo que quisiera destacar como diferente en América Latina - y es también por eso que he incorporado a Helphick en este trabajo - es que la escritura lesbiana es considerada elemento necesario en la escritura de mujeres latinoamericanas. Me refiero al hecho de que la escritura - narrativa, lírica y drama- producida por la joven generación de mujeres incorpora el tema del lesbianismo- y lo hace de manera compleja - en sus textos. No digo que lo privilegie ni que lo destaque sobre otros, pero sí que forma parte de una serie de los que podemos llamar los "nuevos temas," como la explicitación de la sexualidad, la violencia doméstica, el divorcio, el adulterio y la militancia política femenina. Con ellos se teje un discurso que no es de protesta ni contestatario precisamente, sino que una expresión más libre del nudo que ser mujer y ser latinoamericana representa hoy, después del feminismo y de la práctica del movimiento de mujeres.

Peri Rossi, Mastretta y Helphick elaboran una narrativa que revela que los asuntos "privados" no son ajenos a la política y que el discurso que propugna lo contrario, es también un discurso político. Los temas privados en general, y los sexuales en particular, se anudan para constituir una escritura de mujeres que desenmascara las redes del poder en el discurso político que pretende anular los (precarios) espacios que la mujer ha ganado hasta ahora, en aras de un discurso "moralizador" que en la práctica apoya la restricción de sus derechos. La escritura de mujeres politiza los espacios que el discurso conservador muestra como "morales," y de esa manera aporta elementos subjetivos que ayudan a comprender la forma en la cual operan los mecanismos del poder. Sin duda que uno de los elementos sustantivos de esta escritura es su capacidad de intervenir el imaginario con la politización de lo privado. [50] De este modo reconoce lo que

Alexander, haciéndose eco de otras autoras, señala como una de las tareas más significativas del feminismo, esto es, "the centrality of linking the domain of the public and private, and exposing the ways they are ideologically bound."(148)

Notas

[1] La teoría que hay detrás de esta metáfora de "contagio" - que me resulta tan fascinante para nuestro propósito teórico (que se explica dentro del marco de la noción derridiana de 'diferencia'), - la he tomado del trabajo acerca del tema de lo "abjecto" (lo repudiado, lo rechazado) que presenta Julia Kristeva en *Powers of Horror.*

[2] En Chile, por ejemplo, en Abril de 1993, la Corte de Apelaciones de Valparaíso acogió por primera vez en el país un recurso de amparo de una mujer golpeada por el esposo y en la actualidad se encuentra en el Congreso un Proyecto de Ley que legislará sobre el punto. Ver *Marea Alta,* Año III, Nº 19 (Santiago, Abril de 1993).

Respecto del tema de las violaciones, un excelente estudio es el de María Norma Mogrovejo Aquise ,"La violación en el Perú. Realidad y tratamiento jurídico," en *Y hasta cuándo esperaremos mandan-dirun-dirun-dán: mujer y poder en América Latina* (Caracas: Editorial Nueva Sociedad, 1989): 241-252. Sobre adulterio, ver Héctor Monsalve,"Delito de adulterio," *APSI Nº 450* (1993). Para la polémica sobre el tema de "la privacidad en Latinoamérica, ver por ejemplo "EL quiebre de los límites," *APSI Nº 448* (1993).

[3] Ver *Newsweek,* June 21, 1993, por ejemplo. También *Time* Vol. 142 Nº 3, que contiene un artículo sobre el aborto, uno sobre lesbianismo, otro sobre el uso de condones (July 19, 1993). Desde un punto de vista similar al nuestro, es interesante ver cómo Spivak comenta acerca del rol que el feminismo juega en la política de negociaciones en Estados Unidos durante la administración de Reagan. Ver Gayatri Chakravorty Spivak, *The Post-Colonial Critic. Interviews, Strategies, Dialogues*, ed. Sarah Harasym (New York: Routledge, 1990): 147.

[4] Barbara Johnson, "Apostrophe, Animation, and Abortion" *A World of Difference*, (Baltimore: The Johns Hopkins UP, 1987): 184-199.

[5] Para un análisis de la condición de la mujer, datos , estadísticas e información actualizada, ver Teresa Valdés y Enrique Gomáriz, *Mujeres Latinoamericanas en Cifras,* (Santiago: Flacso/Sernam, 1993). Ver también *Proposiciones Nº 21: Género, mujer y sociedad,* (Santiago: Sur/ Centro de Estudios para el Desarrollo de la Mujer, 1993).

[6] M. Jacqui Alexander, "Redrafting Morality: The Postcolonial State and the Sexual Offences Bill of Trinidad and Tobago" *Third World Women and the Politics of Feminism,* edited by Talpade Mohanty, Ann Russo, Lourdes Torres, (Bloomington: Indiana UP, 1991): 133-152.

[7] El ensayo de Alexander es un estudio sociológico de las "Leyes sobre ofensas sexuales" en Trinidad-Tobago. El punto de vista de ese trabajo coincide con el utilizado en esta tesis, en tanto aborda desde una perspectiva feminista la relación entre política y sexualidad.

[8] Johnson, Apostrophe..., 194.

[9] Ver Carmen Barroso and Cristina Bruschini, "Building Politics from Personal Lives: Discussions on Sexuality among Poor Women in Brazil." *Third*

World Women and the Politics of Feminism, edited by Talpade Mohanty, Ann Russo, Lourdes Torres, (Bloomington: Indiana UP, 1991):153-172. El artículo de las investigadoras brasileñas es un perfecto ejemplo de que los temas que nos ocupan en esta capítulo forman parte del sentido común en algunos sectores del feminismo latinoamericano. El estudio de Barroso y Bruschini es fundamentalmente sociológico y no conocemos ninguno que trate el tema tan específicamente en el campo de la crítica literaria o cultural. A pesar de referirse al Brasil en particular, y al caso de las políticas sobre control de natalidad en particular, podemos decir que en general, nuestro esfuerzo de mostrar "lo político" de los temas "privados" comparte tanto la perspectiva teórica, así como el contexto político del citado ensayo.

[10] Peri Rossi ha escrito otros relatos utilizando un narrador masculino, como es el caso de "Despedida de mamá" en *Indicios pánicos,* (Montevideo: Nuestra América,1970) y especialmente lo hace en *Solitario de Amor* (Madrid: Grijalbo, 1988) que es una novela completa dedicada al ejercicio del hablante masculino escrito por una mujer y el tema es el deseo de la mujer. De modo que podemos pensar que la autora utiliza frecuentemente el recurso del trasvestismo como una exploración del sujeto en la escritura.

[11] Sara Castro-Klarén, *Women's,* 23.

[12] Ana María Larraín,"Entrevista a Cristina Peri Rossi," *Revista de libros El Mercurio* 211 (1993): 3-4

[13] Jane Gallop,"The Father's Seduction" in *Feminisms: an Anthology of Literary Theory and Criticism,* eds. Robyn R. Warhol and Diane Price Herndl (New Brunswick: Rutgers UP, 1991): 413-429.

[14] Ver Jaime Alazraki, *En busca del unicornio: los cuentos de Julio Cortázar* (Madrid: Gredos, 1983). También Martha Morello -Frosch, "El personaje y su doble en las ficciones de Cortázar" *Revista Iberoamericana* 34 (1968): 323-30.

[15] "Las Babas del diablo" es el primer cuento en el cual Cortázar se preocupa de establecer una poética, tema que más tarde desarrollaría en otros cuentos. La poética de Cortázar se inscribe en la discusión acerca del realismo en América Latina. Sólo nos interesa remarcar la relación del cuento de Peri Rossi con el tema de la poética y con el motivo de la cámara fotográfica.

[16] Ver Luce Irigaray, *This Sex Which Is Not One,* trans. Catherine Porter, Carolyn Burke (Ithaca, N.Y.: Cornell UP, 1985).

[17] Gabriela Mora, " El Sujeto en "Solitario de Amor," trabajo no publicado, leído en la Segunda Conferencia de Culturas Hispánicas, U of Oregon, 1991.

[18] Naomi Schor, "Reading Double: Sand's Difference" *The Poetics of Gender,* Nancy K. Miller, editor (New York: Columbia UP, 1986): 248-269.

[19] Claude Levi-Strauss, *The Elementary Structures of Kinship,* Rev. ed. James Bell, John von Sturmer, and Rodney Needham, trans. (Boston: Beacon P,1969).

[20] Ver Kevin McIntyre, "Role of Mothers in Father-Daughter Incest: A Feminist Analysis." Social Work 26 (1981):462-466. Ver también Christine Dinsmore, *From Surviving to Thriving: Incest, Feminism, and Recovery* (Albany: State U of New York P, 1991).

[21]   James B. Twitchell, *Forbidden Partners: The Incest Taboo in Modern Culture* (New York: Columbia UP, 1987).

[22]   Ver Julia Kristeva, *Powers of Horror: An Essay on Abjection,* trans. by Leon S. Roudiez (New York: Columbia UP, 1982). Ver especialmente el capítulo 2..

[23]   Luce Irigaray, *Speculum de l'autre femme,* (Paris: Editions de Minuit, 1974) 41.

[24]   Ver Gallop, 429.

[25]   Ver Anders Stephanson," Regarding Postmodernismo - A Conversation with Fredric Jameson," *Universal Abandon: The Politics of Postmodernism,* Andrew Ross editor (Minneapolis: U of Minnesota, 1989): 3-31.

[26]   Ver Elaine Showalter,"Piecing and Writing" *The Poetics of Gender,* Nancy K. Miller, editor (New York: Columbia UP, 1986): 222-246.

[27]   Lucía Invernizzi Santa Cruz, "Entre el tapíz de la expulsión del paraíso y el tapíz de la creación: múltiples sentidos del viaje a bordo de "La nave de los locos" de Cristina Peri Rossi," *Revista Chilena de Literatura Nº 30* (1987): 29-53.

[28]   Tal vez sea interesante anotar aquí que lo más probable es que Invernizzi no conozca el trabajo de Showalter y el uso de la metáfora sea una felíz coincidencia.

[29]   Karl Holz, "Entrevista a Angeles Mastretta;' El escritor debe contar una historia'" *Revista de Libros El Mercurio* Nº198 (1993).

[30]   Manuel Puig, *Cae la noche tropical* (Hannover, NH: Ediciones del Norte, 1987).

[31]   Ver especialmente *Hasta no verte Jesús mío* (1969) *La noche de Tlatelolco* (1971) y *Tinísima* (1992), que son todas novelas-reportajes, libros no tradicionales, en los cuales Poniatowska recrea la historia de alguna mujer, o de un grupo de personas.

[32]   Angeles Mastretta, *Arráncame la vida,* (Buenos Aires: Ediciones Alfaguara, 1986/1992).

[33]   Camilo Marks, "Mexicana, liviana, de gusto fácil," *Literatura y Libros, La Epoca,* (Santiago, 13 de Junio de 1993). El Suplemento dominical del diario *La Epoca* se caracteriza por ser bien informado, de calidad y de contenido democrático, más bien liberal. Dicho suplemento literario ha publicado notas críticas y artículos escritos por reconocidas feministas chilenas como Raquel Olea y Eliana Ortega.

[34]   Rosario Castellanos, *Albún de familia* (México: Joaquín Mortíz, 1990).

[35]   Hanna Geldrich-Leffman, "Marriage in the Short Stories of Rosario Castellanos," *Chasqui Vol 21,* Nº 1 (1992): 27-38.

[36]   Ver Kemy Oyarzún, "Género y etnia : acerca del dialogismo en América Latina," *Revista Chilena de Literatura 41* (1993): 33-45.

[37]   Cristina Pacheco, *Sopita de letras* (México: Cal y Arena, 1990).

[38]   Laura Esquivel, *Como agua para chocolate* (México: Sudamericana, 1987).

[39]   Marina Arrate, *Máscara negra* (Concepción, Chile: Ediciones LAR, 1990).

[40]   Ver también Kemy Oyarzún, "Beyond Hysteria:"Haute Cuisine" and "Cooking Lesson.' Writing as Production," <u>Splintering Darkeness: Latin</u>

American Women Writers in Search of Themselves, Lucía Guerra-
Cunningham, ed (Pittsburgh: Latin American Literary Review P, 1990): 87-
110.
[41] Oyarzún, RChL, 40.
[42] El libro de William Foster es una prueba de que la crítica está empezando a
elaborar un discurso en este sentido. Aún cuando en general el lesbianismo no
tiene una presencia significativa en él tampoco, ya que los textos y los autores
analizados son en su mayoría masculinos. Ver Daniel William Foster, *Gay and
Lesbian Themes in Latin American Writing* (Austin: U of Texas P, 1991).
[43] Sylvia Molloy, *En breve cárcel* (Barcelona: Seix Barral, 1981)
[44] Sylvia Molloy, "Introduction Part 2," *Women's Writing in Latin America,*
ed. Sara Castro-Klarén, Sylvia Molloy, Beatriz Sarlo (Boulder: WestView,
1991).
[45] Ver Gloria Anzaldúa, "La conciencia de la mestiza: Towards a New
Consciousness," *Making, Face, Making Soul: Haciendo Caras. Creative and
Critical Perspectives by Women of Color,* Edited by Gloria Anzaldúa (San
Francisco : Aunt Lute Foundation, 1990): 377-389. Ver también Yvonne
Yarbro-Bejarano, "Chicana Literature from a Chicana Feminist Perspective,"
The Americas Review 15:3-4 (1987). Ver además *Compañeras: Latina
Lesbians: an Anthology,* ed. Juanita Ramos (New York: Latina Lesbian History
Project, 1987).
[46] Catherine Stimpson, "Zero Degree Deviancy: The Lesbian Novel in
English," *Critical Inquiry* 8: 2 (1981): 363- 379.
[47] Susan Rubin Suleiman, "Pornography, Transgression, and the Avant-Garde:
Bataille's Story of the Eye,"*:The Poetics of Gender,* Nancy K. Miller, editor
(New York: Columbia UP, 1986): 117-136.
[48] Catherine R. Stimpson,"Gertrude Stein and the Transposition of Gender,"
The Poetics of Gender ed. Nancy Miller (New York: Columbia UP, 1986):1-
19.
[49] Ver especialmente Barbara Smith, "The Truth That Never Hurts: Black
Lesbians in Fiction in the 1980s," *Third World Women and the Politics of
Feminism,* ed. Talpade Mohanty, Ann Russo, Lourdes Torres, (Bloomington:
Indiana UP, 1991): 101-129.
[50] Uno de los puntos que desarrollamos en el siguiente capitulo es que uno de
los enclaves que diferencia la escritura de mujeres antes y después de los
ochenta, es precisamente el asunto ideológico. Veremos cómo anteriormente
las escritoras "se limitan a dar testimonio de la situación de la mujer, sin
oponerse a las categorías de la ideología liberal dominante." Desde ya, los
asuntos que ocupan los relatos de esta tesis, estaban ausentes antes, cuando
hechos como "el parto, el aborto, la menstruación, est[aban] ausentes en las
novelas creadas por la mujer." Ver Lucía Guerra-Cunningham,"Algunas
consideraciones teóricas sobre la novela femenina" *Hispamérica,* Año X, Nº
281 (1981): 29-39. Y de la misma autora, "El personaje femenino y otras
mutilaciones," *Hispamérica,* Año XV, Nº 43 (1986): 3-19.

CAPITULO 4

El texto, la política y la sexualidad

El presente trabajo crítico articula la noción de que, a partir de los años ochenta, la escritura de mujeres adquiere una capacidad discursiva que insiste en reescriturar la democracia, como proyecto inclusivo para el continente. A partir del reconocimiento de su propia marginalidad, el texto de la mujer se presenta a contrapelo del proyecto modernizador en América Latina y es, en sí mismo, un producto postmoderno, no sólo por su incorporación del pastiche y de una textualidad fragmentaria, sino sobre todo porque insiste en ser un gesto escritural de la diferencia. La proposición de la escritura de la mujer es sin duda un gesto revestido de un carácter altamente ético. Se trata de mostrar la diferencia en ejercicio en un espacio fundado en el respeto intrínsico del otro, como única forma de concebir una sociedad justa. Al respecto, nos interesa seguir el pensamiento de Drucilla Cornell, quien dice que "respect for difference is undoubtedly crucial to a society whose laws aspire to justice."[1] Sin embargo, no se puede establecer una relación directa entre la noción de "tolerancia por la diferencia" y la justicia, ya que estaríamos dejando de lado la complejidad del fenómeno social por el cual las cuestiones de valores hegemónicos logran establecerse como valores legales. Nuestro trabajo tiene presente el hecho de que la relación entre escritura y discurso, y a su vez entre discurso y legalidad, es una relación mediata y complicada. De todos modos, pensamos que el espacio escritural participa del proceso social en el cual los pueblos van diseñado su futuro y es allí en donde la tolerancia por las diferencias juega un rol central para imaginarse espacios en los cuales sea posible vivir juntos bajo normas comunes.[3]

El texto de la mujer no sólo es diferente por el hecho obvio de representar un sujeto nuevo en el espacio público, sino también porque pone a prueba los parámetros en los cuales podía leerse la cultura latinoamericana hasta el momento. Nos hacemos cargo de que la historia de la literatura latinoamericana ha silenciado a las autoras mujeres y que sólo recientemente se puede decir que ya existe un corpus suficientemente organizado como para hablar de escritura de mujeres en el continente con algún nivel de seriedad, no en cuanto a la calidad de las obras en sí, (ya que la calidad de muchas autoras anteriores a este período es indiscutible) sino a las herramientas críticas que tenemos para acercarnos en particular a esta escritura. El movimiento de mujeres en América Latina ha facilitado el que cada vez más profesoras, estudiosas y académicas, se dediquen con tenacidad al estudio de las obras escritas por mujeres, logrando que este trabajo sea reconocido académicamente y forme parte del currículo en las universidades. Sin duda que falta aún mucho para que las publicaciones y antologías den cuenta de este fenómeno más radicalmente, haciendo justicia a una tradición que ha sido sepultada por el sistema y cuya producción todavía es dificultosa. La escritura de mujeres en América Latina tiene una tradición y en la última década las críticas - incluso un muy discreto número de críticos - están haciendo mucho por rescatarla. Lo que queremos destacar es el hecho de que la literatura que nos ocupa en este trabajo crítico - publicada después de los años setenta - se inscribe en un panorama que a nuestro parecer es del todo diferente al que se presentaba años antes: se trata de una escritura de mujeres que puede ser definida a partir de ciertos rasgos y que está siendo enfrentada con ciertas herramientas de análisis que no estuvieron a disposición de las generaciones anteriores.

El presente trabajo crítico no pretende estudiar en particular a las autoras cuyos textos hemos leído, ni tampoco hacer un estricto análisis de los cuentos específicos, sino que intenta poner en contacto aspectos de la escritura de mujeres que nos parecen predominantes para enfrentar el texto desde una perspectiva feminista y latinoamericanista al mismo tiempo.

Hemos centrado nuestro esfuerzo en las cuestiones teóricas en las cuales es posible fundamentar una postura crítica. A nuestro parecer estas cuestiones son:

- primero, la noción de que existe una postura diferente del sujeto mujer en el discurso del continente de este período, después de la existencia del movimiento de mujeres y después de haber sobrevivido las dictaduras,

- segundo, la noción de que el nudo política/sexualidad es el ángulo más provocativo que articula la escritura de mujeres a partir de los años ochenta,
- tercero, las características textuales que sitúan esta escritura dentro de un discurso nuevo, que se articula como crítica a nuestra modernidad periférica lee la democracia como proyecto inclusivo y multicultural para América Latina.

Nuestro interés es mostrar que estos cuentos no sólo son diferentes porque están escritos por mujeres, sino porque existe en ellos una lógica diferente, que expone la exclusión que el proyecto modernizador significa para sectores mayoritarios de la población latinoamericana, no sólo para las mujeres. La escritura de mujeres ofrece una mirada crítica que, desde la perspectiva de la mujer, interroga globalmente el proyecto de la modernidad de América Latina, no sólo en cuanto al rol asignado a las mujeres, sino en cuanto proyecto excluyente e incapaz de resolver los problemas básicos de las grandes mayorías.

En estos textos el énfasis está puesto en la exclusión de las mujeres. Sin embargo, es evidente que la discriminación hacia otros sectores está aquí presente. La pobreza y la miseria de las grandes mayorías es el telón de fondo sobre el que se pintan todas las historias narradas. Está claro que hemos elegido trabajar con textos que exponen las discriminaciones que tienen su origen en cuestiones ideológicas más que sociales. La participación de las mujeres en la política es uno de los asuntos que nos ocupa en el espacio de la representación (Valenzuela, Barros), así como lo son la legitimación del lesbianismo como tema de mujeres (Helphick), la crítica a la institución familiar (Peri Rossi, Mastretta), el modo en que la mujer lee la diferencia racial y de clase (Ferré, Barros), y la centralidad que ocupa el cuerpo y la sexualidad dentro de estos textos, (Barros, Helphick, Ferré, Mastretta, Valenzuela). En estos cuentos, las historias narradas adquieren sentido porque hacen una articulación positiva de la discriminación que previamente los ha marginalizado. La noción básica es la exposición de la diferencia como asunto central de identidad, no de grupos separados, sino desde una perspectiva pluralista de nuestra constitución cultural, creando así un espacio en el cual la diferencia no es sólo elemento de conflicto, sino también espacio de riqueza y nudo significativo. [4]

La escritura de los ochenta evidencia la organización de un discurso nuevo, surgido de la discriminación genérica en nuestro continente y que ya ha madurado suficientemente como para diseñar una estrategia escritural capaz de interesar a diversos sujetos y acoger diferentes subjetividades en una textualidad muy compleja.

La relación de la mujer con el poder pasa por articular sus dos preocupaciones básicas - la política y la sexualidad - de una manera coherente y en un discurso propio. Los años ochenta expresan el momento en el cual la escritura de mujeres ya ha tomado conciencia de su condición de género y le interesa diseñar un texto específico de la mujer. El debate de los ochenta pasa por lograr el texto de la especificidad sin perder la capacidad de hablar sobre la globalidad. En ese sentido, el texto de la mujer trata de conjugar la preocupación de género con la preocupación de clase. Tanto para la literatura como para la crítica escrita por mujeres en América Latina, quizás una de las motivaciones más fuertes sea la de demostrar que el texto específico de la mujer no es un texto "desclasado," sino uno que acoge los problemas sociales del continente. De modo que los textos de mujeres articulan muy fuertemente género y clase. Sin embargo, no lo hacen a la manera tradicional, sino que, por el contrario, se muestran como espacios abiertos, que se dejan permear por otras preocupaciones. Estos textos también acogen otras formas de discriminación y las valoran en el espacio público, como son las que tienen que ver con etnia, raza y orientación sexual.

En esa medida, esta escritura constituye un espacio cultural nuevo en América Latina, que ya intenta cubrir un espectro más amplio de preocupaciones, a la vez que legitima reivindicaciones específicas de la mujer. El respeto básico por el otro se traduce aquí en la no apropiación de la diferencia del otro; el texto de la mujer no expresa el dolor del otro sino a partir de una distancia, en la cual la mediación de la escritura es explícita. El encuentro con el otro sólo es posible si se lo ve separado de nosotros mismos. Dice Derrida:

> To attempt to think the opposite is stifling. And it is a question not only of thinking the opposite which still is in complicity with the classical alternatives, but of liberating thought and its language for the encounter occurring beyond these alternatives. Doubtless this encounter for the first time does not take the form of an intuitive contact [...] but the form of a separation (encounter as separation, another rupture of "formal logic").
> Face to face with the other within a glance and a speech which both maintain distance and interrupt all totalities, this being together as separation precedes or excedes society, collectivity, community. [5]

Los textos que se leen en este trabajo son una expresión de lo que recién mencionamos, pero indudablemente que dejarían de ser lo que son sin la calidad artítica que los hace objetos únicos, atractivos, llenos de humor y de ironía, capaces de comunicar emociones complejas de una manera sutil y sofisticada. El hecho de que exista una crítica feminista cada día más calificada y con espacios cada vez mayores de difusión dentro de Latinoamérica es también importante. Por primera vez las mujeres podemos leer a mujeres, criticar textos de mujeres y esperar que otra mujeres critiquen nuestra crítica; por primera vez se puede decir que existe una red de mujeres latinoamericanas que escriben, leen, critican, editan, publican y compran libros de mujeres, lo cual provee un nivel básico de soporte material a la permanencia del sujeto mujer en este espacio. A pesar de que todavía hay muchas inequidades e insuficiencias - a veces hasta retrocesos - pareciera que en los años ochenta la mujer logró insertarse en el tejido social visible y es de esperar que la presente década signifique su fortalecimiento. No creemos que se pueda concebir la escritura de mujeres sin la presencia del movimiento de mujeres. Cuando nos referimos a "escritura" estamos hablando de un discurso estructurado que responde a ciertas coordenadas y tiene cierta capacidad de influencia social, no meramente de una cantidad de libros escritos por mujeres. La escritura de mujeres supone una textualidad capaz de influir la cultura vigente y poner su sello en el nuevo discurso democrático que se está tejiendo en nuestro continente.

A partir de esta lectura podemos decir que se propone una identidad latinoamericana más compleja que la propuesta en los años sesenta, que se podía resumir en las metáforas elaboradas por Octavio Paz, quien defime la cultura mexicana como hija del horror y de la culpa.[6] Es evidente que Paz hace una profunda crítica social, sin embargo nosotros pensamos que su lectura es también responsable de institucionalizar un cierto tipo de crítica cultural e incluso, de ofrecer una interpretación cerrada y redonda de cuestiones socio-culturales que son muchísimo más complejas. Lo que nos interesa es decir que existen otras lecturas posibles tanto de La Malinche como de "la chingada" en general. En El laberinto de la soledad (1950) Paz intenta definir la "mexicanidad" del mexicano, es decir, se interesa en el tema de la identidad del "mexicano," lo cual es desde nuestro punto de vista una generalización imposible de hacer seriamente respecto de ningún pueblo. Toda vez que no está haciendo un estudio, sino que desplegando sus magníficas dotes ensayísticas, no se puede pensar que los textos de Paz den cuenta del "mexicano," de lo que sí dan cuenta es de la visión que algunos intelectuales mexicanos tienen de su propia "mexicanidad." Lo que nosotros notamos es el hecho de que los términos en los cuales se describe "lo chingado" es una lectura que aunque la crítica, tiene a la vez una postura cerrada, hegemónica y jerarquizada del fenómeno que está describiendo, es una posición que se impone sin dejar ningún espacio en el cual pueda caber la diferencia o pueda entrar otra variante a problematizar el esquema básico en el cual basa su ensayo. Desde nuestra perspectiva es del todo relevante que el ensayo de Paz sea uno de los textos que más se leen y enseñan en Latinoamérica, de modo que se puede decir que la influencia cultural que éste ha tenido es muy importante. Para Paz "los hijos de chingada" es una referencia que el mexicano hace acerca de los demás pero, en definitiva es sobre todo una forma de identidad. Según Paz:

> La Chingada es la madre que ha sufrido, metafórica o realmente, la acción corrosiva e infamante explícita en el verbo que le da nombre [chingar]. [...] la idea de agresión - en todos sus grados, desde el simple de incomodar, picar, zaherir, hasta el de violar, desgarrar y matar- [está presente] siempre como significado último. El verbo denota violencia, salir de sí mismo y penetrar por la fuerza en otro. Y también herir rasgar, violar - cuerpos, almas, objetos-, destruir. Cuando algo se rompe, decimos: "se chingó."

Después de que ha descrito el verbo con todas la acepciones posibles, usando todos los sinónimos que puede, particularmente aquellos que evidentemente tienen connotaciones sexuales, (herir, rasgar, violar, penetrar en otro, salir de sí mismo) Paz quiere insistir en que la"idea de romper y abrir reaparece en casi todas las expresiones. La voz está teñida se sexualidad, pero no es sinónimo del acto sexual." Según Paz esto se explica porque "se puede chingar a una mujer sin poseerla". [7]

En esa interpretación la identidad latinoamericana se resuelve allí en la reivindicación del elemento indígena fundacional y en el reconocimiento de la dominación española de la cual nacimos, así, "chingados" y sin otra posibilidad que la de despreciar a nuestra madre y odiar a nuestro padre. Se trata de una lectura que tiene como base sustantiva la figura del mestizo y la insistencia en la formación de los estados nacionales. Por el contrario, la relectura que se está realizando en el presente es una propuesta de celebración de la diversidad, en la cual el mestizaje es asumido de manera muy diferente, como un valor enriquecedor de nuestra identidad plural. [8] Sonia Montecino enfrenta la problemática de la siguiente manera:

> La huella étnica y su historia como marca no se borra. El asunto es así: ¿cómo nos reconciliamos con nuestro origen mestizo? Reconciliación que entendemos esencial para gestar cambios y mejorar nuestra situación de país[es] pobre[s], latinoamericanos[s], tercer mundista[s]. Pensamos que la tarea pasa por un cuestionamiento de las formas de nombrar y hacer historia sobre el mestizo. En primer lugar, superar las nociones positivistas que anclan al mestizo en una cuestión puramente racial y biológica, para avanzar en la comprensión cultural, en el

proceso de mestizaje más que en la categoría de mestizo como una esencia o como un fetiche esculpido en la historia.[9]

En esa misma línea de pensamiento se encuentran las relecturas de nuestros mitos, como la de Roger Bartra, o la de Greenblatt, quien lee el mito de La Malinche de manera muy diversa a la de Paz, ya que valora tanto la figura histórica como el mito. Nosotros hemos visto que lo que hace Barros en su propuesta de relectura de La Malinche es valorar su capacidad de sobrevivencia, cuestión que a nosotros nos parece clave para ligar la figura de La Malinche con las imágenes de las madres de los desaparecidos y con las de las mujeres que sobrevivieron el horror de las dictaduras. Pero Greenblatt va más allá, dado que le asigna el rol más interesante en la relación de dos culturas, que es lo que él llama "The go-between," la agente comunicadora que interviene entre ambas culturas, la traductora de la lengua capaz de registrar las pautas de ambos tejidos culturales. La tránsfuga es la que no pertenece a ninguna cultura en específico, dado que ha sido excluída por alguna razón; puede ser también la exiliada, que tiene la ventaja de haber visto otros lugares y entonces tener una mirada más compleja. La Malinche cumple ese rol en la conquista de México. Señala Greenblatt:

> Object of exchange, agent of communication, model of conversion, the only figure who appears to understand the two cultures, the only person in whom they meet- Doña Marina is a crucial figure in The Conquest of New Spain. For everyone in Bernal Díaz's history- Indians and Spaniards alike - the site of the strategic symbolic oscillation between self and other is the body of this woman.[10]

Nos interesa destacar el hecho de que esta lectura le asigna a la figura de Malinche un rol político, además de subrayar el hecho de que ella fuera la amante de Cortés, madre de un hijo de ambos. De modo que aquí "la chingada" pasa a significar algo muy distinto en el plano de la mitología de la mujer latinoamericana, por un lado, y la de la conformación del mestizaje. Greenblatt nos recuerda que Bernal Díaz describe a La Malinche como hermosa, inteligente y sin ninguna vergüenza de su condición, y señala que:

> To be sure, the communication did not signal toleration of difference: Doña Marina delivers threats and exhortations to convert, and she does so as an image of Cortés. But Bernal Díaz clearly believes that she had her own agenda, a program of revenge and triumph, and there is an odd sense in which

Cortés becomes for the natives an image of Doña Marina: their name for him was also Malinche.[11]

El rol de agente intermedio con su especificidad propia ("go-between") se acerca mucho a lo que en el primer capítulo señalamos respecto al rol del movimiento de mujeres en la esfera política durante el período de la dictadura. Un movimiento que se ve a sí mismo cumpliendo un rol pacificador entre los diversos sectores políticos, que hasta hacía muy poco se habían visto como grupos antagónicos; en ese sentido, la función de reunir sectores diversos y lograr "traducir" entre ellos fue una de las tareas prioritarias del movimiento de mujeres, que también se expresa, como lo señala Jaquette,[12] en el hecho de que el movimiento se constituye en instancia de encuentro de mujeres de diferentes clases y sectores sociales.

A partir de esta práctica, surge un discurso pluralista, con una visión más compleja y multicultural de la identidad latinoamericana, como respuesta a los regímenes antidemocráticos y al fracaso de los proyectos excluyentes en los que se fundó la falacia de la modernidad para América Latina. El respeto por las diferencias y la tolerancia frente al disenso político son lecciones que América Latina dolorosamente aprendió en las últimas décadas. Valores básicos como la defensa de la vida de las personas, la solidaridad humana, la tolerancia por las opiniones ajenas, las libertades de expresión, asociación y prensa, son temas que definen la democracia que Latinoamérica quiere construir. Las mujeres organizadas han dado muestra de que estos asuntos fundamentales forman parte de sus reivindicaciones más sentidas.

Pensamos que la escritura de mujeres se inserta en el espacio que reivindica para América Latina la necesidad de abogar por las libertades individuales, al mismo tiempo que las sociales. El tema hasta la fecha había sido leído como algo muy sospechoso por parte de los sectores progresistas, debido a que se consideraba que las libertades del individuo debían subordinarse a las de la sociedad en su conjunto. Por lo menos esa era la premisa detrás de los ideales socialistas que condujeron las reivindicaciones de masas en la segunda mitad del siglo y que dieron como fruto la revolución cubana, la nicaragüense, el breve gobierno de Allende en Chile y en general los movimientos "revolucionarios" de los años sesenta y setenta.[13]

El texto de la mujer nos muestra hasta qué punto las libertades individuales surgen de reivindicaciones muy sentidas por los sectores marginados, quienes, como las mujeres, estuvieron siempre excluidos tanto de la organización del estado y de la distribución de la riqueza, como de los proyectos alternativos que se levantaron en diversas oportunidades con mayor o menor permanencia en los diferentes países. Por otro lado, el cuidadoso tramado con que se escriben estos textos nos muestra hasta qué punto la escritura de la mujer ha sido capaz de remover los bordes entre estructura interna y superficie, para dejar un texto en el que lo significativo es precisamente el engranaje entre ambas. De modo que aquí las cuestiones que tradicionalmente se llamaban "de forma" claramente tejen la historia. El texto fragmentario de Valenzuela es la expresión precisa de la valoración que el texto hace del respeto por las diferencias y la tolerancia por el disenso. El valor que esto adquiere en la confrontacional sociedad argentina, es el de instalarse en el imaginario colectivo e interceptar la práctica de la violencia con estrategias de respeto y tolerancia.

La propuesta escritural de la mujer tiene un fuerte rasgo ético, sin por ello dejar de ser altamente pragmática y de expresar a la vez el desengaño frente a los grandes proyectos societales del pasado reciente. Aquí está presente la noción de que fue la sociedad en su conjunto la que permitió que la convivencia no sólo se quebrara, sino que llegara a las prácticas más horrorosas. De modo que las prácticas autoritarias y la intolerancia a todo nivel han tratado de ser removidas, en el entendido de que de algún modo el germen del despotismo estaba ya enquistado en los mecanismos tradicionales de nuestra vida democrática, cosa que indudablemente contribuyó a la debilidad de la vida democrática.

Tal vez el postmodernismo y su mirada desengañada sea responsable de que los latinoamericanos hayan visto de manera más pragmática su práctica política; pero también es cierto que ha sido el horror ante la intolerancia más extrema y absurda lo que los ha llevado a cuestionar las formas excluyentes de convivencia nacional. Cuando una sociedad se quiebra de manera tal que ya no se trata de asegurarle un futuro mejor a las próximas generaciones, sino que se trata de defender la vida de las futuras generaciones, entonces la nociones de paz, respeto, tolerancia, libertad, se convierten en banderas de lucha para las grandes mayorías. No importa qué ideología se proclame, sino hasta qué punto se respeten los derechos humanos básicos en la vida diaria. De modo que no se puede decir que el cinismo postmoderno ha hecho que las corrientes políticas progresistas olviden los grandes ideales de cambios revolucionarios. Se trata más bien de privilegiar la defensa de los derechos humanos sobre toda otra consideración, cuestión que en la práctica exige una tremenda integridad ética y política, que muchas veces debe tomar decisiones antipopulares.

La noción de que el postmodernismo puede tener un fuerte contenido ético queda demostrada en la lectura que las mujeres latinoamericanas hacen en su escritura. Declarar la muerte de las grandes utopías no basta para llenar el vacío que las muertes y ausencias han dejado en los sueños de las grandes mayorías del Tercer Mundo. Haber sobrevivido a los más grandes horrores expande el imaginario colectivo, no lo atrofia. Imaginarse la democracia supone un tremendo desafío cuando se ha vivido tantos años sin ella. Además, hay que imaginarse la convivencia de otro modo, no basta con las simples reglas que regían "antes de" que el sistema se destruyera, porque ellas resultaron a todas luces insuficientes y fueron incapaces de mantener la estabilidad del sistema. El esfuerzo por ampliar el imaginario social compromete a todas las instancias sociales, pero sin duda que la cultura juega un rol muy significativo. Las coordenadas culturales son más permeables que los espacios institucionales, de modo que tanto la cultura de elite como la cultura popular y de masas, son espacios en los cuales las nuevas ideas se prueban y a la vez se alteran según sea la capacidad de recepción que éstas tengan. Durante los años ochenta, la escritura de mujeres actúa como espacio controvertido que incorpora, prueba y también propone una lógica diferente de convivencia social.

El esfuerzo de imaginarse la sobrevivencia es tarea cotidiana de las mujeres en la sociedad patriarcal, de modo que ellas, a diferencia de otros sectores de la sociedad civil, sabían cómo organizarse, cómo pasar desapercibidas, cómo lograr lo que se quiere sin usar formas tradicionales de lucha. La reconstrucción del tejido social fue tarea prioritaria durante las dictaduras y las mujeres tuvieron allí un rol muy significativo. Formas nuevas de hacer política fueron necesarias, no sólo para reorganizar la vida política que la dictadura dejó fuera de la legalidad, también fue necesario reinventar formas de participación que la gente no considerara autoritaria, cansada como estaba de las prácticas dictatoriales.

El texto de la mujer se acomoda en un espacio diferente que se abre en Latinoamérica en el período de los regímenes militares. Allí logra hacer una relectura de la economía femenina que le había enseñado la sobrevivencia. Como en los años ochenta la historia de la mujer se incorpora a la historia de los movimientos de masas, la mujer se identifica con lecturas nuevas de su significación social. En lugar de identificarse con mitos de culpa, la mujer valora la sobrevivencia y quiere reivindicar este valor hacia el futuro. La relectura que Barros hace del mito de La Malinche nos dice que ya no se acepta simplemente que nuestra cultura mestiza es un producto "chingado," sino que es posible retejer el coraje de La Malinche con otros escondidos dolores y proclamarse libres de la mirada del que se da el lujo de juzgar porque no ha sido expuesto al horror. La valoración de la vida misma es vista desde otro prisma, la vida del otro es preciosa como lo es la vida de los hijos que lloran las madres de los "desaparecidos", así como es valiosa la propia vida de las madres, porque sólo vivas pueden encontrar a los hijos y nietos que les "desaparecieron," o pueden por lo menos buscarlos, llorarlos, ojalá enterrarlos algún día dignamente. Me refiero a que las organizaciones de mujeres tienen un profundo contenido ético, dada su trayectoria de trabajo en los grupos y temas de derechos humanos. Jane Jaquette lo describe así:[14]

> Because the mobilization of women and the growth of feminist awareness took place during this extraordinary political period of transition to democracy, women's agendas and strategies are different from what they would have been had they developed in an environment of democratic continuity. Women's groups were formed in a political climate that rewarded cooperation, mobilization, and direct negotiations between women and the state. As a result, Latin American feminist analyses of politics differs from those of other regions. South American feminism reflects transitions politics: it is closely linked to human rights, defines its goals in moral and political terms, and is anti-authoritarianism. (Jaquette, 205)

Es por eso que cuando la escritura de mujeres se propone en el espacio público, lo hace también porque piensa en una sociedad en la cual no sea el miedo ni la fuerza las que dirijan los destinos de las personas. Por el contrario, una sociedad en la cual los diversos actores sociales sean capaces de encontrar en conjunto la solución para los problemas que los aquejan. Un espacio así diseñado es también un espacio que exige a todos sus miebros la participación plena y responsable. Se trata de una democracia cuyo mecanismo de refuerzo es el diálogo.

> Who can be the subject of dialogue? Who can truly [...] open himself (or herself) to the Other? These questions are of concern to social theory as well as to any conception of participatory democracy that does not ignore the reality of social life and the possibility of transformation that does not end in restoration.(Cornell,176)

Se puede decir que en América Latina el respeto a las ideas del otro, la tolerancia por el discurso divergente, incluso las prácticas cotidianas de la convivencia son valoradas de una manera diferente después de haber sobrevivido las dictaduras. De alguna manera la crítica a la autoridad ilegítima se extiende hacia todas las formas de autoritarismo que pueden apreciarse en la sociedad civil, lo cual especialmente recae en una mirada crítica hacia los partidos políticos y hacia las ideologías en general. Las ideologías dejan de ser los espacios de la utopía y pasan a ser percibidas como causa de las divisiones sociales, a tal punto que las organizaciones políticas se ven como manipuladoras de la vida de los ciudadanos. De modo que los partidos progresistas y de izquierda deben asumir una práctica diferente, basada más en el pragmatismo político que en postulados globales de largo plazo. Se trata de una postura que critica la noción de autoridad y que desmantela las prácticas jeraquizadas, para proponer un funcionamiento social más armónico, que no responda a los patrones históricos que han regido nuestro continente en las últimas décadas, donde se ha organizado el tejido social de una manera jerárquica y excluyente. Lo que ha pasado en Latinoamérica queda bien descrito en las palabras que Cixous usa para mostrar lo que ha sido históricamente el fenómeno de apropiación del otro:

> But in History, what is called "other" is an alterity that does settle down, that falls into the dialectical circle. It is the other in a hierarchically organized relationship in which the same is what rules, names, defines, and assigns "its" other. [it is] the mechanism of the death struggle: the reduction of a "person" to a "nobody", to the position of "other"- no master without a slave, no economic-political power without exploitation, no dominant class without cattle under the yoke, no "frenchmen" without wogs, no Nazis without Jews, no property without exclusion - an exclusion that has its limits and is part of the dialectic. If there were no other, one would invent it. [15]

Por otro lado, se trata del fomento de una sociedad en la cual los individuos sean sujetos capaces de tener una actitud crítica hacia las instituciones, sujetos que participen responsablemente en la esfera pública, que sean capaces también de articular sus reivindicaciones locales y específicas ante las intituciones globales. En ese contexto, la democracia participativa puede desarrollarse como una instancia en la cual se negocian los intereses de los diversos sectores sociales. De ese modo, una práctica política honesta es capaz de poner las nociones de justicia y de equidad al servicio de los seres humanos en particular y no al servicio de un sistema en abstracto. En este punto la pregunta por las formas de relación en una democracia participativa se vuelve central. Para nosotros está claro además de que la suerte del movimiento de mujeres depende fundamentalmente del tipo de democracia que se establezca en Latinoamérica después del período de transición. Tanto la investigación de Kirkwood como la de Jaquette muestran que en el pasado las mujeres han dejado de participar en política una vez que han alcanzado el objetivo específico por el cual luchaban.[16] Además, una cuestión fundamental tiene que ver con las formas de ser política y con el elemento ético en el que tanto hemos insistido. Las mujeres no van a permanecer en el espacio público, como movimiento, si es que la democracia no se construye como un proyecto participativo e inclusivo, de respeto por las diferencias y los derechos humanos. Por otro lado, el movimiento de mujeres no se va a comprometer con un sistema democrático que no las represente y que no dé cabida a las reivindicaciones específicas de las mujeres. En ese sentido, compartimos las reservas que plantea Jaquette al cerrar su trabajo, cuando señala que:

> Women's movements have been so closely associated with the process of democratization that is important to remember that women are not "naturally" democratic any more than they are "naturally" conservative. Women support for democracy will depend on the quality of political life that these new democracies create as well as on the support given to women's issues.[17]

Es claro que se deben buscar normas de funcionamiento social que sean respetadas por todos los ciudadanos, pero esto sólo es posible a través del consenso y después de que ya existe un funcionamiento societal basado en el respeto por el otro. La legalidad es fuerte dentro de un sistema en el cual el pueblo confía en los tres poderes del estado y en su normativa. La norma no puede preceder a la diferencia. La presencia de la otredad existe primero que la capacidad de legislar sobre ella. En ese tiempo diferido en el cual se construye el cambio en el imaginario social es posible generar otras formas de relación con el otro. Es allí donde creemos que la escritura de mujeres contribuye a instalar nuevas formas de relación en el imaginario de América Latina.

La escritura de mujeres desconstruye las formas de relación vigentes en sociedades antagónicas y es capaz a su vez de perfilar la otredad en sus textos. Esta escritura desconstruye las grandes narrativas y hace participar al lector en otra forma de lectura, que es la responsabilidad de leer la diferencia. En ese sentido, la desconstrucción supone una postura ética. Cornell dice que:

> "Deconstruction," by its practitioners, has interpreted the ethical significance of reading. Even in this practice, the very work of "deconstruction," as a practice of reading, embodies the promise - even if only promised ironically- to be faithful to otherness.

Deconstruction does not impose itself upon the text it reads. (Cornell, 81)

El texto de la mujer desconstruye la separación entre lo público y lo privado, para dejar ver que detrás de ella existen motivaciones políticas que ocultan la discriminación que el sistema hace de las mujeres, frecuentemente amparados en la protección de la "privacidad." Por un lado se apela a la "privacidad" para proteger acciones discriminatorias en contra de la mujer, y, por otro, se deja de respetarla cuando se trata de que sea la mujer quien ejercite su derecho a gobernar su propio cuerpo, como ocurre en el caso del aborto y de las lesbianas. La desconstrucción textual sirve para poner el acento en la búsqueda de formas nuevas de articulación social. Por otro lado, el hecho de que el movimiento de mujeres en Latinoamérica haya estado tan ligado a la lucha por los derechos humanos le da también otra lectura al tema de lo público y lo privado. Señala Jaquette:

> Feminists challenge the division between the public world of politics and the private world of the family for women of all classes. The fact that military terror violated the sanctity of the family gives the concept of ""the personal is political" a very special meaning."[18]

Nos interesa poner la diferencia genérica al centro de nuestro trabajo, no porque creamos que la discriminación de la mujer sea más importante que las otras formas de discriminación, sino porque consideramos que la universalidad que ha asumido la discriminación de la mujer en la sociedad patriarcal ofrece las mejores posibilidades de entendimiento acerca de cómo funciona la discriminación, no en el espacio social, sino a nivel filosófico. Nos interesa ser capaces de interrogar la negación ontológica que se ha hecho de nuestro género, porque ella es la base en la cual se funda la división dominante-dominado en el espacio social. Por otro lado, nuestro trabajo busca las marcas genéricas en los textos de mujeres porque piensa que es la diferencia de género la que abre el texto hacia otras diferencias, en ese sentido, creemos que en la escritura de mujeres existe un respeto por el otro, porque se lo mira desde la diferencia. El texto de la mujer no privilegia su propia identidad de mujer sobre otras diferencias, proyectándose de manera reductora en el otro, sino de apreciarlo con una distancia respetuosa, como otro, singular y diferente. Las diferencias de raza, de clase, de orientación sexual, son respetadas precisamente porque no se muestran como parte de la diferencia mujer, y tampoco se subordinan a ella. El hecho de que la diferencia de género cruce horizontalmente las otras diferencias, la convierte en un espacio desde el cual es posible encontrar una afinidad con la "otredad" en términos generales. No queremos decir que las mujeres en general, por el sólo hecho de ser mujeres - y haber entonces experimentado la discriminación en carne propia - sean capaces de acercarse al Otro sin borrarlo. Pero sí se puede pensar que las mujeres que han experimentado una toma de conciencia de su condición, deberían ser capaces de percibir al otro a partir de su propia borradura en el sistema patriarcal, permitiéndoles respetar al otro, primeramente, dejando que sea diferente, Otro, incomprensible, no su opuesto, sino mi igual, en cuanto diferente. Como estas coordenadas operan a un nivel sico-social, es importante también percibir que los niveles de relación se dan en espacios abiertos y no necesariamente de persona a persona; de modo que estas relaciones solidarias se dan más bien en los espacios sociales en los cuales opera la diferencia. Así, el movimiento de mujeres puede ser más solidario con los movimientos de grupos étnicos o de orientación sexual, por ejemplo, si se lleva la discusión al plano político.

Por otro lado, una de las cuestionas básicas en la escritura de mujeres es el estatuto del autor y la fragmentariedad de su narrativa. Nos parece que ambas forman parte de una estrategia de acercamiento al otro. Porque no se puede verdaderamente percibir al otro si no se deja deja el espacio de la duda sobre uno mismo/a. La noción de que nuestra escritura no es un todo cerrado es fundamental para que sea posible ver la alteridad. La postura de respeto hacia el otro implica también la interrogación sobre los espacios que el ego propio ocupa. La simetría entre los seres humanos se produce, paradójicamente, por el hecho de que estamos constituídos por diferencias específicas. Dice Cornell que:

> Derrida also shows that [the] respect for difference demands the recognition of a "strange" phenomenological symmetry. This "strange" phenomenological symmetry is that we are the same precisely in our difference as egos. (Cornell,171)

Se trata de un acercamiento no prepotente ni apriorista; por el contrario, se trata de conceder al otro el espacio de la diferencia y no apropiárselo en su nombre. Una de las críticas que la desconstrucción hace de la filosofía idealista moderna, es la de que solamente puede ver en el otro un espejo de sí mismo, especialmente en lo que dice relación con la noción de "mujer." Cornell explica la crítica que Derrida hace de Hegel, de la siguiente manera:

> To summarize, for Derrida, Hegel remains a classic example of how the so-called recognition of identity through difference not only privileges identity over difference, but does so through the projection of the Other as only the Other to me and, therefore, not truly other at all. For Derrida, the classic example of Hegel - emphasized in the first instance by Simone the Beauvoir - is the ironic denial of Woman's otherness, her feminine specificity, in her very projection of her as the Other to Man. (Cornell, 171)

Peri Rossi, Mastretta y Helphick elaboran una narrativa que revela que los asuntos "privados" no son ajenos a la política. Los temas privados en general, y los sexuales en particular, se anudan para constituir una escritura de mujeres que desenmascara las redes del poder en el discurso político que pretende anular los (precarios) espacios que la mujer ha ganado hasta ahora, en aras de un discurso "moralizador" que restringe sus derechos. La escritura de mujeres politiza los espacios que el discurso conservador muestra como "morales," y de esa manera aporta elementos subjetivos para comprender los mecanismos del poder. Sin duda que uno de los elementos sustantivos de esta escritura es su capacidad de intervenir el imaginario con la politización de lo privado.

Nuestra lectura crítica ha intentado mostrar el modo en el cual el discurso político se entrelaza en estas narraciones con un discurso de género, cuyo derrotero más evidente es la particular expresión de la sexualidad. [19] La política y el poder se articulan aquí con el erotismo, el cuerpo y el deseo. Frente a esto, nuestra lectura se propone en aquel espacio oscuro y sugerente en el cual la diferencia se expone como tal, en un texto que frecuentemente se enmascara para poder circular. De hecho, nuestra lectura lee estos cuentos en el velado espacio de la diferencia, en aquel texto otro que se escribe a contrapelo del texto ortodoxo que se deja leer en un primer nivel de lectura. [20] Entendemos que es en ese "otro" texto donde la escritura de mujeres se instala en una tradición diferente, que es la historia de textualidad de mujeres, la cual ha estado velada hasta hace muy poco.

Recordemos el modelo que Gilbert y Gubar han llamado del "palimpsesto," y que nos lleva a leer el texto que ha sido silenciado en la escritura de mujeres, el lado mudo, el revés del texto que aparece en la superficie. [21] De modo que hemos tratado de leer no sólo lo que se presenta como una reivindicación de género o una protesta social explícita, sino también el texto del deseo en un espacio que se presenta conflictivo, pero que al mismo tiempo es el que presenta una escritura autocrítica que exige escribirse desde el margen. Hemos visto que el sistema de prohibiciones que hoy todavía subsisten en torno a la sexualidad, es sin duda una de las cuestiones que esta escritura enfrenta. Es por eso que la explicitación de asuntos sexuales y el diseño de una textualidad erotizada es una de las aristas más poderosas de esta escritura. De esta manera, la escritura de mujeres se propone como gesto libre de prejuicios en el espacio latinoamericano, todavía conservador en ese sentido. Es necesario ver que este tema se presenta como apertura textual, como gesto que inscribe la sexualidad desde otra perspectiva y en ese sentido abre el espacio escritural.

En el primer capítulo de este trabajo intentamos justificar nuestra aproximación crítica como la más apropiada para el corpus que habíamos elegido. Después del trabajo directo con los textos en los dos capítulos siguientes, nos parece que este cuarto capítulo debiera ser capaz de realizar una lectura todavía más global. En este sentido, intentamos redondear las cuestiones más generales que han surgido de nuestro trabajo con los textos. En un sentido profundo, nos interesa mostrar qué hemos aprendido de la lectura de estos textos y hasta qué punto es legítimo nuestro modo de enfrentarlos. De algún modo, nuestro trabajo relaciona discursos que tradicionalmente corren por rieles distintos, casi paralelos, por lo menos en Latinoamérica. La noción de que el feminismo es parte de la política, o constituye una corriente de opinión política, forma parte del sentido común en muchos lugares del mundo, pero no es así en América Latina, donde las capas políticas están recién empezando a incorporar la noción de feminismo dentro del espectro político y todavía tienen muchas reticencias, no digamos al nombre,- que no importaría,- sino que a la incorporación de la temática en general. Consecuentemente con esto, la idea de que el poder y la sexualidad puedan interceptarse en algún espacio es también algo muy subversivo en el discurso político. Por otro lado, gracias al discurso feminista, la noción de que lo privado también es político está entrando a la arena pública, pero es aún visto como algo que transgrede el curso normal de "la política." Por otro lado, la práctica social del propio movimiento de mujeres (feministas incluídas) separa la política del feminismo, aún cuando trabaja ambas temáticas y trata de permear ambas. En esa medida, lo que nosotros hemos hecho en este trabajo es hacer funcionar el engranaje textual desde una lógica distinta, que explora la intersección de la política con la sexualidad en la escritura de mujeres. La provocativa idea de que esta forma de enfrentamiento al texto es transgresora en el campo de los estudios latinoamericanos ha guiado el desarrollo de este trabajo crítico. Sin embargo, nos damos cuenta de que en estos textos hay más que un cierto contenido liberal, mucho más que la novedad de un discurso subversivo e independiente. Nos parece que estos textos constituyen una propuesta discursiva que puede llegar a legitimarse en América Latina y ser encarnada por sectores sociales diversos. De modo que lo que leemos aquí no es la arista política de los textos de mujeres, sino que el gesto rebelde que puede ser capaz de dibujar una América Latina diferente.

Esta escritura apela al imaginario social latinoamericano e intenta dejar allí una huella significativa. Creemos que la escritura de mujeres constituye ya una estrategia discursiva que es capaz de intervenir el imaginario social, aún cuando está claro que su capacidad política, en un sentido estricto, es todavía muy limitada. En esa medida, nos interesa incursionar en el sentido filosófico que tiene la escritura de mujeres como propuesta de mayorías.

En términos filosóficos, es necesario examinar el aporte que el feminismo ha hecho a la filosofía, como por ejemplo la lectura de Derrida y de Adorno que hace Drucilla Cornell, en la cual propone la "filosofía del límite." Se trata de comprender que la división entre las necesidades del individuo y las de la comunidad no supone la mirada más justa ni para el uno ni para la otra. Culler explora la noción de que hay espacios más complejos que permiten la interacción del individuo con su comunidad, sin prejuicio para ninguno de los dos. Por otro lado, se piensa que tiene que haber otras formas de relación social que sean capaces de asegurar tanto la convivencia nacional como la paz mundial. Creemos que ahora, después del término de la Guerra Fría y con el cambio del mapa mundial, la comunidad internacional tiene que ser capaz de encontrar alguna forma de enfrentar pacíficamente las contradicciones entre las necesidades del individuo y las de la sociedad.[22]

Cuando decimos que nos parece importante terminar el presente trabajo incorporando de algún modo el aspecto filosófico, lo hacemos porque creemos que los países del llamado Tercer Mundo no sólo estamos capacitados para participar del debate intelectual, sino que tenemos un aporte que hacer también allí. Las decisiones que se toman al más alto nivel internacional repercuten en la vida diaria de la gente de nuestros países, muchas veces con desmedida brutalidad. Por otro lado, la cultura de masas y la simultaneidad en la información hacen participar a toda la comunidad internacional de una cultura compartida, a un nivel tal como no había ocurrido nunca antes en la historia de la humanidad. Además el pensamiento filosófico es legítimo patrimonio de todos los seres humanos, no sólo de aquellos países en los cuales los filósofos viven o han nacido. A nadie hoy se le ocurriría pensar que el pensamiento de Rousseau, o de Voltaire, sólo puede ser entendido y asimilado por los franceses. O para el caso, digamos que ni Derrida, Foucault, ni Taylor son estadounidenses y nadie puede negar su influencia en los Estados Unidos, no sólo a nivel académico, sino que social e incluso en el diseño de políticas locales específicas.[23]

Escritura de mujeres y relectura de la democracia en Latinoamérica

Lo que nos interesa destacar aquí es que la escritura de mujeres se inscribe en un nuevo discurso latinoamericano y necesariamente lo hace también desde una cierta perspectiva filosófica. Nos parece significativo ver que hay una perspectiva global de sociedad en estos textos, por dos razones: una de ellas es el hecho de que no podríamos hablar seriamente de escritura - textos capaces de influir la sociedad - si es que no fuéramos capaces de justificar una perspectiva global sobre ellos; la segunda razón por la cual nos interesa descubrir la perspectiva filosófica que anima el texto de la mujer es la sospecha de que la crítica a la modernidad que en ellos se plantea no se resuelve ni en la "nostalgia," ni en la desilusión postmoderna.

La escritura de mujeres en América Latina es un espacio abierto a la exploración de ideas nuevas en la sociedad que también actúa como catalizador de esas ideas y reordenador del sistema de valores que articula el imaginario colectivo. El discurso postmoderno en América Latina se esfuerza por mostrar que las condiciones de desarrollo propuestas por la modernidad han sido incapaces de resolver los conflictos sociales más apremiantes porque no se ha logrado un desarrollo industrial sostenido, que permita hilvanar diferentes clases sociales en torno al proyecto modernizador que se levantó a principios de siglo. El quiebre institucional reciente demuestra que la modernidad y su proyecto industrializador no pueden operar en condiciones de dependencia económica y de exclusión de sectores mayoritarios del proyecto. El proyecto industrializador supone la incorporación de las grandes masas al proceso; sin embargo, el bajo consumo interno y la poca capacidad de exportación no permitieron que la industria fuera capaz de absorber la mano de obra generada por las expectativas de un modelo que centró en la ciudad la panacea del sueño modernizador. Las urbes latinoamericanas no pudieron darle trabajo a las masas campesinas que dejaron el campo - donde eran maltratados por los latifundistas -para buscar un sueño que degeneró en la pesadilla del hambre y el desempleo.

Afortunadamente estos conflictos no han llegado a los dolorosos resultados que hoy en día destruye lo que hasta hace poco fuera Yugoeslavia, pero la raíz del conflicto está presente de manera muy fuerte en muchos países de Europa, así como en el Canadá y en los Estados Unidos. Por otra parte, el fenómeno salió a la luz en varios países latinoamericanos con ocasión de las celebraciones del quinto centenario del Descubrimiento de América, donde los indígenas se manifestaron para mostrar el borrón que la cultura hegemónica ha puesto sobre su cultura. Examinando el caso de Quebéc, Charles Taylor explora las posibilidades de un planteamiento diferente, que no polarice los intereses de los ciudadanos sino que logre estabilizar el funcionamiento democrático

Para nosotros no cabe duda de que el texto de la mujer es en la actualidad uno de los espacios más interesantes del discurso democratizador en América Latina y que su narrativa forma parte de un intento discursivo mayor, que podríamos describir como el desafío de escribir un discurso democrático de nuevo tipo en el continente. Se trata de un esfuerzo por rescatar la tradición laica y acentuar los elementos liberales que conforman nuestra historia. El esfuerzo escritural latinoamericano del cual las mujeres participan, supone una relectura de la historia latinoamericana, una lectura en la cual se acentúe la celebración de la diferencia y en la cual el mestizaje sea leído también como proceso abierto, significando la mezcla español/indígena, pero a la que se incorporan después las migraciones de italianos, judíos, alemanes, árabes, y de otras nacionalidades que nuestros países han recibido recientemente - sobre todo después de la Primera y la segunda Guerra Mundial - para enriquecer aún más la diversidad de nuestra raza y cultura.

Esta nueva textualidad de la mujer latinoamericana ha encontrado un espacio afín en la actual crítica a la modernidad que se hace en nuestro continente. La historia reciente del movimiento de mujeres y la gran influencia que en él ha tenido el feminismo latinoamericano es la condición que permite a las mujeres expresar su propia diferencia en el texto. Sin duda que el dolor colectivo y personal vivido durante los años ochenta a propósito de las dictaduras es responsable de muchas atrocidades, parte de las cuales también tocaron duramente a la mujer, como bien lo expresan Barros y Valenzuela; sin embargo, también es cierto que la lucha contra las dictaduras fortaleció los movimientos de mujeres como nunca antes, especialmente en los países del Cono Sur y en el Brasil, ofreciendo además la oportunidad de una conexión con los movimientos del resto del Tercer Mundo que no se había desarrollado antes, aunque sí tiene raíces en las luchas de las sufragistas de la primera mitad del siglo. La estrecha relación entre la política y la sexualidad se hizo evidente también a través de la represión que ejercieron los regímenes militares, porque la dictadura mostró la forma más extrema del autoritarismo y al mismo tiempo hizo percibir como odiosas todas las formas autoritarias de relación social, junto con poner el acento en la necesidad de construir relaciones sociales horizontales basadas en el respeto y el reconocimiento del otro, más que en la fuerza y el poder.

En este punto debemos decir que la noción de diferencia se presenta otra vez de manera prioritaria, debido a que no se puede pensar una práctica horizontal que no reconozca que los individuos son diversos y que existen además grupos de individuos que poseen diferentes necesidades y están motivados por diferentes intereses. De modo que aquí la propuesta igualitaria no basta sino está acompañada por una política del reconocimiento a la diferencia que hace al otro particular. La cuestión de los derechos de los diversos grupos que conforman una sociedad determinada se vuelve central. Desde nuestro punto de vista, en el discurso postmoderno latinoamericano es la diferencia mujer la que ha sido capaz de poner en jaque la política tradicional y exigir el reconocimiento de su diferencia. La política del reconocimiento no es fácil para la clase política de nuestro continente, que ha usufructuado de los discursos globales que, so pretexto del texto igualitario, borraban del espacio público a grandes sectores sociales.

Los textos de mujeres ejercitan su derecho al reconocimiento social, ya que no sólo expresan la diversidad, sino que la celebran, como elemento enriquecedor de la textualidad colectiva. El texto de Helphick muestra que la escritura de la mujer incorpora el reconocimiento del lesbianismo, no sólo por respeto a los individuos, sino que por las particularidades culturales que las lesbianas tienen derecho a reivindicar como grupo social. Helphick se atreve a incorporar el tema de las opciones en un espacio tan conflictivo como es el de la sexualidad. En el capítulo anterior señalamos que Helphick consigue traer la pregunta acerca de la orientación sexual a nivel consciente y así evidenciar el sistema que opone a los individuos a partir de su orientación sexual. Al ver esto, apreciamos que el texto de Helphick recoge el tema del lesbianismo para valorar el aporte que éste hace a nuestra cultura. Del mismo modo, el texto de Ferré muestra la diferencia racial como elemento conflictivo, cuya presencia viene a plantear una gran cantidad de preguntas sobre el texto latinoamericano, donde el texto no sólo "acepta" la presencia de las diferencias, sino que valora el aporte de dicha diferencia en particular hacia lacultura de la sociedad en su conjunto.

Desde el punto de vista de los principios, es necesario explicitar que desde este punto de vista, no se trata solamente de que la diferencia es digna de respeto porque los seres humanos somos en esencia todos iguales en potencia, si es que se nos proveen las oportunidades y el ambiente adecuado para desarrollarnos, que fue la noción rousseauniana básica que animó la modernidad. Taylor va más allá en su comprensión de la propuesta multicultural cuando insiste en lo que llama "la política del reconocimiento," ("the politics of recognition"). La política del reconocimiento supone la valoración que la cultura hegemónica hace del aporte de las diferentes culturas a la sociedad en su conjunto. Cuando aceptamos que todos los seres humanos podemos alcanzar un mismo grado de desarrollo pretendemos no ver que estamos midiendo el "grado de desarrollo" a partir de los parámetros de la cultura dominante, de modo que dejamos de percibir otras formas de organización o valores que sean alternativos a los nuestros. Esta es la crítica que Taylor hace a la sociedad norteamericana, que ha aceptado al otro sin incorporar los elementos valiosos de su cultura a la cultura nacional. Así, el respeto por el otro no es genuino, sino que pretendido ya que no se lo considera otra cosa que un elemento folclórico. Al hacer eso, dice Taylor, la "cultura de Occidente" comete la tremenda arrogancia de creer que su cultura es la única digna de sobrevivir, lo cual la lleva por un terreno ideológico que en el presente siglo ha demostrado ser muy peligroso.[24]

Pensamos con Taylor que:

> There must be something midway between the inauthentic and homogenizing demand for recognition of equal worth, on the one hand, and the self- immurement within ethnocentric standards, on the other. There are other cultures, and we have to live together more and more, both on a world scale and commingled in each individual society.(72)

La postura de Taylor no ve que hay otros elementos que conforman la identidad de las "minorías," además del elemento que el llama cultural, pero que en definitiva se refiere a los aspectos étnicos y raciales. Pensamos que existe un sistema de "diferencias": tanto la diferencia sexual, como la de género y la de clase. La escritura en latinoamérica no puede sino estar cargada de las diferencias significativas que la conformación socio-económica de Latinoamérica nos impone en la lectura del discurso multicultural en nuestro continente. Quizás una de las cuestiones básicas es la necesidad de incorporar específicamente la variable de clase. Debido a que sustenta sus escritos en el contexto canadiense, además de tener en mente Europa y Estados Unidos, para Taylor "cultura mayoritaria" y "cultura hegemónica" parecen ser la misma cosa, ya que usa los términos indistintamente. En las sociedades latinoamericanas, donde el intento modernizador no ha sido capaz de integrar a las grandes mayorías a los proyectos nacionales, es necesario hacer distinciones muy específicas entre la cultura hegemónica y la cultura de las mayorías. La cultura de las mayorías está muy violentamente excluída del sistema en la mayoría de nuestros países y tal vez ésta sea una de las causas de inestabilidad. Aquí estamos siguiendo la línea de pensamiento de Cornell, quien nos recuerda que:

> Philosophically and politically, twentieth-century experience has presumably taught us that the appeal to community ineluctably slides into an appeal to totality, closure, and exclusion.[25]

Cornell insiste en que el pensamiento postmoderno, especialmente Derrida, "is also particularly incisive and illuminating on the multifarious ways in which community and convention can do violence to difference and particularity."(40) Sin embargo, lo que nos parece relevante en nuestro caso es la comprensión de que el postmodernimo no rechaza el ideal comunitario. Cornell señala que, por el contrario:

Indeed, the space that they [Adorno and Derrida] keep open for difference and particularity would itself not make any sense unless we are sensitive to the seriousness with which they take the ideal of community. (40)

Para Cornell, la filosofía de la desconstrucción implica una postura ética, cuya cuestión central es el ideal de una sociedad sin violencia, en la cual sea posible reconocer al Otro en sus otredad y no como mero espejo de nosotros mismos. Una sociedad que respete la diferencia implica una comunidad que es capaz de reconocer su igualdad con el otro, al mismo tiempo que es capaz de aceptar su diferencia. La desconstrucción muestra este ideal como una postura ética e insiste en que se debe mantener como orientación del funcionamiento social. Cornell explica que:

> Communalism, in this sense, as an ideal, expresses the recognition of the sameness that marks each one of us an individual and thus as both different and the same. It is in this recognition of the connection between sameness and difference that allows us to understand belonging together without some overriding spirit in and through which we are connected. If this is just a dream in our world of antagonism and violence, it does not mean that it is not a dream worth dreaming. Nor does the language of the dream mean that it is absolutely impossible. (60)

Nos parece que esta lectura de Cornell es muy cercana a la forma en que la desconstrucción puede ser leída desde Latinoamérica. Es cierto que la crítica a la modernidad es muy profunda y que la caída del proyecto socialista instaló la desilusión en el imaginario social; también es cierto que la reconstrucción del sistema democrático se ha llevado a cabo con más pragmatismo político que sujetándose a doctrinas o a modelos alternativos de sociedad. Sin embargo, para nosotros también es claro que América Latina no es posible sin una fuerte postura ética y sin un poderoso sueño por delante. Para las mujeres esta insistencia en lo ético no es algo nuevo. Dice Julieta Kirkwood:

> Para las feministas la relación entre feminismo y democracia no es una novedad, ni es algo que debamos elaborar con mucho trabajo; por el contrario, la democracia está presente desde el inicio [de nuestro trabajo] y profundamente unida a la reflexión de los primeros grupos de mujeres [en Chile, en los años 76, 77, 78].[26]

Por otro lado, es bueno anotar que la preocupación más teórica respecto a los contenidos de la democracia estaba también muy presente desde los comienzos del movimiento, de nuevo es Kirkwood quien, todavía sin mucha elaboración, apunta:

> El feminismo contemporáneo ha contribuido al planteamiento de formas organizacionales y contenidos más progresistas y avanzados del quehacer político global.
> Esta posibilidad casi "civilizatoria" del feminismo radica en el sentido cuestionador de arriba-abajo que hace de la estructura social, económica, política y cultural. Lo que al fin de cuentas significa "relevar" o develar las dimensiones del poder patriarcal inherentes a la división de los géneros.[27]

De modo que para las mujeres el discurso crítico hacia el autoritarismo implica una crítica más profunda a las estructuras sociales y sobre todo supone una propuesta de democracia con contenidos diferentes. Es allí en donde el contenido ético en que hemos insistido vuelve a aparecer. La escritura participa de este proceso en el cual se está reinventando la democracia y buscando formas civilizadas de convivencia. La escritura de mujeres está particularmente ligada a esta reconstrucción del tejido textual democrático, debido a su profunda relación con el desarrollo del movimiento de mujeres. Luisa Valenzuela dice que toda la gente en Argentina quiere escribir ahora, y nosotros agregamos que es lo mismo para las mujeres, porque:

> Writing has become a form of catharsis, a "way of erasing the guilt and shame of all that went unsaid," according to Hebe Solves, a poet. There seems to be a public awareness that only naming the terror can avoid being terrorized again.[28]

Es cierto que las grandes narrativas se agotaron, pero eso no quiere decir que sea el cinismo el que se ha apoderado de la vida pública, muy por el contrario. Después de las dictaduras, la sociedad ha debido enfrentar las profundas heridas que el horror dejó no sólo en las víctimas y sus familiares, sino en la sociedad en su conjunto. De modo que el desafío de imaginarse formas de convivencia estable es de toda la comunidad y es todo el pueblo el que ha sido capaz de mirarse y de buscar modos de volver a vivir dignamente y sin violencia. Es verdad que ha sido necesario responder a la circunstancias con mucho pragmatismo y dejar de lado las cuestiones de principios a fin de resolver la dañada cotidianidad. La limitada solución que se ha dado al problema de la justicia es una muestra de que se ha podido hacer mucho menos de lo que se requiere para una reconcialición social verdadera. El hecho de que en la Argentina y en el Uruguay se haya concedido sendas amnistías para los militares culpables de los más horrendos abusos de poder, es sin duda un estigma que la sociedad llevará por muchas generaciones. [29] Creemos sin embargo que el movimiento de mujeres ha dejado una marca en la sociedad latinoamericana durante los años ochenta y es una marca absolutamente doble: por un lado se han impulsado las tareas reivindicativas para mejorar la condición de la mujer y por otro lado, se ha jugado por los cambios sociales y políticos dejando una impronta ética en la esfera política del continente. El análisis de Jaquette concluye algo muy similar:

> In the 1970's , few would have predicted the emergence of a feminist movement in Latin American, and fewer still would have expected the women' movements in the region to be an important political factor in the restablishment of democratic institutions. Today, this movements have made a mark on political and social history in their countries, and serve as a source of inspiration for women who are struggling for a role in politics and creating democratic transitions elsewhere in the Third World.[30]

Para que el mañana sea viable para América Latina, sin embargo, es necesario que ese pragmatismo en las tomas de decisiones vaya acompañado de un profundo contenido ético. En ese sentido, a pesar de las ammistías, existen también los juicios y el desmantelamiento de la verdad, así como el descrédito social para los responsables de los crímenes. El pragmatismo no significa de ningún modo dejar de lado los valores más altos de la convivencia. Por el contrario, con anterioridad fueron las ideologías las que gobernaron nuestras visiones de futuro y en nombre de ellas se violaron los más preciados valores y se pisotearon las más básicas formas de convivencia. Recordemos en este punto el texto de Valenzuela cuando alude a las madres y sus carteles de "Para que nunca más."[31] El simbolismo de las madres es la visión de futuro y una postura ética en la América Latina que nos imaginamos. Puede que nos sea difícil ponernos de acuerdo acerca de cuál modelo económico es más adecuado a nuestras necesidades, incluso es posible que se antepongan los intereses inmediatos a los de largo plazo, pero lo que no es posible es que se repitan las violaciones de los derechos humanos, ni que la esfera socio-política siga operando con una lógica autoritaria. Los cambios culturales son lentos y complejos, sin embargo, también es cierto que la esfera privada y la pública se entrecruzan para ir diseñando una sociedad diferente y posibilitando a su vez que la vida de los ciudadanos sea diferente. Si verdaderamente se piensa que América Latina es posible, es porque se está dispuesto a respetar y a hacer respetar los derechos humanos de una manera estable y consistente para todas las personas. Me refiero a los derechos básicos de todas las mujeres, los niños y los hombres, sin distinción de género, de clase, de raza, de credo, de orientación sexual, de color de piel, de etnia o de posición política. Para el movimiento de mujeres es claro que, a pesar de todo el pragmatismo que la transición a la democracia exige, las voces que sostienen que "nunca más" se cometerán los abusos son las voces de las grandes mayorías.[32] Y es entre esa orquesta de voces de las mayorías, donde se puede percibir un rol diferencial para los textos de mujeres latinoamericanas; textos excéntricos en los cuales lo excluído, lo reprimido, los residual, lo exiliado, se puede oír resonando con una peculiar capacidad memoriosa. Tal vez lo que queremos decir sea que, el texto de la mujer consolida en el imaginario latinoamericano un discurso más democrático, o que por lo menos va más allá de lo que hasta ahora es la propuesta discursiva de la modernidad.

Como señala Cornell:

> In place of the book that tells us the whole truth and the truth of the whole, we have the text that testifies to what has been spat out, the morsel.[33]

Notas

[1] Una versión abreviada de este capítulo fue presentada en la 111th Convention, Modern Languages Association (MLA), en diciembre de 1995, en Chicago, bajo el título de "Escritura de mujeres y relectura del discurso democrático en América Latina."

[2] Drucilla Cornell, *The Philosophy of the Limit* (New York: Routledge, 1992) 181.

[3] Ver Cornell, 180-183.

[4] Para el estado actual de la discusión sobre "multiculturalism" en los Estados Unidos, ver Renato Rosaldo, *Culture & Truth. The Remaking of Social Analysis,* (Boston: Beacon P, 1993).

[5] Jacques Derrida, *Writing and Difference,* Translated, with Introduction and Notes by Alan Bass, (Chicago: The U of Chicago P, 1987) 94.

[6] Me refiero especialmente a los escritos de Octavio Paz en *El laberinto de la soledad.* Ver también la crítica que en *La jaula de la melancolía.* hace Roger Bartra a la mitologización de la identidad mexicana.

[7] Ver la descripción completa en Octavio Paz, *El laberinto de la soledad,* (México: Fondo de Cultura Económica, 1959).

[8] Esto ha sido desconstruído bien por Adela de la Torre y Beatriz Pesquera en *Building With our own Hands, New Directions in Chicana Studies* (U of California P, 1993).

[9] Sonia Montecino, *Madres y Huachos: Alegorías del mestizaje chileno,* (Santiago: Cuerto Propio/Cedem, 1991): 152.

[10] Stephen Greenblatt, *Marvelous Possesions. The Wonder of the New World,* (Chicago, The U of Chicago P, 1991): 143.

[11] Greenblatt, 143.

[12] Ver Jaquette, especialmente Capítulos 1 y 7.

[13] En general, ya nos hemos referido al tema en términos políticos en el Capítulo I, ahora nos interesa tomar la política como punto de referencia para un debate a nivel más filosófico.

[14] *The Women Movement in Latin American: Feminism and the Transition to Democracy,* edited by Jane Jaquette (Boulder: Westview P, 1991).

[15] Héléne Cixous and Catherine Clément, *The Newly Born Woman,* Tranlation by Betsy Wing, Foreword by Sandra Gilbert, (Minneapolis: U of Minnesota P, 1986) 71.

[16] Ver Julieta Kirkwood, *Ser política en Chile, las feministas y los partidos* (Santiago: Flacso, 1986) y Jane Jaquette," Conclusion, en *The Women;s Movements in Latin America: Feminism and the Transition to Democracy,* (Boulder: Westview P, 19910): 185-208.

[17] Jaquette, 206.

[18] Jaquette, 205.

[19] Amy K. Kaminsky, *Reading the Body Politics, Feminist Criticism and Latin American Women Writers* (Minneapolis: U of Minnesota P, 1993).

[20] Ver Michel Foucault, *Power/Knowledge. Selected Interviews and Other Writings,* 1972-1977, Colin Gordon ed, trans., Colin Gordon, Leo Marshall, John Mepham, Kate Sofer (New York: Pantheon Books, 1980).

[21] Ver Sandra M. Gilbert and Susan Gubar, *The Madwoman in the Attic:The Woman Writter and the Nineteenth-Century Literary Imagination* (New Haven, Conn.: Yale UP, 1979).

[22] Para una crítica filosófica a la situación de poder internacional al término de la Guerra Fría, ver la opinión de Charles Taylor.

[23] Pensemos hasta qué punto la academia norteamericana trabaja sobre los textos de Derrida, si queremos ejemplos tomados de nuestro propio trabajo, podemos ver las influencias y las conversaciones académicas de Barbara Johnson y Drucilla Cornell con la academia francesa, lo cual por cierto no desmerece en absoluto la calidad de estas autoras. Por otro lado, tal vez uno de los discursos públicos más poderosos en la actualidad sea el del "multiculturalismo," tema que preocupa principalmente al filósofo canadiense Charles Taylor.

[24] Ver Charles Taylor, *Multiculturalism and "The Politics of Recognition,"* (Princeton, New Jersey: Princeton UP, 1992).

[25] Drucilla Cornell, *The Philosophy of the Limit,* (New York: Routledge, 1992): 39.

[26] Julieta Kirkwood, *Feminarios,* ed. Sonia Montecino, (Santiago: Documentas, 1987): 122.

[27] Kirkwood, *Feminarios,* 123.

[28] Luisa Valenzuela, A Legacy of Poets and Cannibals: Literature Revives in Argentina, *Lives on the Line. The Testimony of Contemporary Latin American Authors,* edited by Doris Meyer, (Berkeley: U of California P, 1988): 296.

[29] Ver Ana María Araujo, *La maldición de Ulyses* (Santiago: Sudamericana, 1992).

[30] Jaquette, 207.

[31] Para una historia de las madres de los desaparecidos en Argentina, popularmente llamadas "las locas de la Plaza de Mayo," ver "The Study of Politics from the Standpoint of Women," en *International Social Science Journal* 35 (1983) 581.

[32] "Nunca Más" es el título del informe sobre la situación de los desaparecidos en Argentina, el que fue preparado por el escritor Ernesto Sábato, por encargo del presidente Alfonsín, y fue luego publicado por capítulos en diarios y revistas argentinos. "Para que nunca más" fue también una frase que se usó como símbolo de la unidad de la "concertación" contra la dictadura de Pinochet. La frase, con variantes, se ha usado públicamente y tiene un significado muy específico en relación a los DDHH en Latinomérica.

[33] Cornell, 74.

Conclusiones

Para las feministas la relación entre
feminismo y democracia no es una novedad.
-Julieta Kirkwood

El presente trabajo crítico ha leído la escritura de mujeres en el nudo que conjuga la política con la sexualidad, porque teníamos la intuición de que allí podía haber un espacio significativo y pensamos que sin duda esta es una de las cuestiones más enriquecedoras que nuestra perspectiva puede aportar. Por un lado, la literatura de la mujer latinoamericana es a menudo observada desde un punto de vista crítico sociológico o marxista, cuyo prisma busca la expresión de la política en el texto. Por otro lado, la crítica feminista que ha surgido en los últimos años ha puesto el acento en una lectura de la sexualidad, cosa que anteriormente era silenciada por la crítica. Nuestra tesis era que que ambas perspectivas son, no sólo legítimas, sino que necesarias, para enfrentar el texto de las mujeres de los años ochenta. El poder, la política, el espacio público, por un lado; por otro el espacio privado, la sexualidad, el género. Nuestra tesis puso ambos espacios en contacto y leyó el cuerpo de la mujer como metáfora de encuentro de ambas posturas. Encuentro doloroso y violento muchas veces, amoroso y placentero otras. La condición de la mujer latinoamericana de los ochenta se dibuja al borde de la sociedad, al margen de los proyectos, es cierto, pero en esas márgenes las divisiones de diluyen y el imaginario se expande más allá de los límites impuestos y se atreve a leerse libre.

La política en los años ochenta es uno de los pilares de la sociedad, no en abstracto, sino que en la vida cotidiana de las personas y las organizaciones. La lucha por la recuperación de los derechos civiles se convirtió en una tarea titánica, toda vez que los derechos humanos básicos no eran respetados y se vivía en un estado de constante apremio. Prohibida como estaba, la política llenaba la vida de los latinoamericanos, mujeres y hombres. De modo que la escritura no es un espacio excepcional, la política está allí también; con la fuerza de lo censurado que sin embargo se cuela por los cuatro costados.

La expresión de su sexualidad es por otro lado, territorio prohibido - desde siempre - para la mujer latinoamericana. El texto actúa aquí también como espacio libertario en el que se permite el desacato de las normas sociales establecidas. La escritura es también un intento de interrogar su diferencia y de imaginarse su sexualidad sin barreras ni límites. La textura de los ochenta es un espacio en el cual la diferencia mujer se celebra hasta con insolencia. La sexualidad no es sólo una parte importante de la literatura de mujeres, el texto de las mujeres pasa por la escritura de su sexualidad.

Pensamos que nuestro trabajo se enriqueció al poner en contacto las dos perspectivas anteriores y junto con ello, al tener en cuenta el contexto en el cual esta textualidad se inserta, es decir, darle historicidad a la escritura de la mujer. Política y sexualidad anudan el peso de una fuerte cadena de represiones y rebeldías de las mujeres, no sólo en Latinoamérica. Lo que nos parece valioso ha sido la capacidad de los textos de anudarse con una historia en particular, la historia de las mujeres latinoamericanas de la década de los ochenta. La especificidad de este discurso nos la da la lógica del movimiento de mujeres que, aunque participa de los sucesos que vive América Latina en general, - las dictaduras, los desaparecidos, el desmantelamiento del tejido social por las fuerzas represivas y su dificultosa reconstrucción posterior por las organizaciones y movimientos democráticos, por último, la transición a la democracia,- vive también su propia y compleja dinámica interna.

En el marco dictatorial y represivo de las recién pasadas décadas, las mujeres vivieron también el desarrollo de las organizaciones de mujeres, el crecimiento de grupos de conciencia y la historia específica del movimiento de mujeres, aunque éste se dió de manera diferente en cada país. Durante los años ochenta muchas mujeres experimentaron profundos cambios en sus vidas personales, ya sea por las necesidades económicas apremiantes - junto al desempleo generalizado que fomentaba que las mujeres encontraran trabajos temporales o mal remunerados- o porque perdieron a sus compañeros a manos de la represión, el caso es que cantidades significativas de mujeres trabajaron fuera de su casa por primera vez.

Los grupos de mujeres empezaron a comunicarse, a aprender juntas, a ser solidarias. Aprendieron la participación, y supieron del rechazo, del menoscabo, de la manipulación y del silencio que se esperaba de ellas. Y entonces aprendieron también la rebeldía. O la "furia," como dice Julieta. Muchas mujeres se asombraron de sí mismas, al ver que eran capaces de mantener solas a la familia, de participar en las organizaciones y de seguir creciendo. Entonces se inventaron el feminismo. No para aislarse de la lucha, sino para poder seguir en ella sin afixiarse, ni negarse, o tener que irse para la casa a esperar que las llamen. Las mujeres se quedaron en el espacio público y el aporte que hicieron fue enorme, no sólo en movilización sino que aportendo al diseño democrático en términos cualitativos. La incorporación de las mujeres sin duda fué un regalo a la vida, cuando ya parecía que sólo la muerte era posible. Las mujeres, antes que ningún otro sector social, aprendieron la unidad, a pesar de las diferencias. Fueron los grupos de mujeres los primeros que cruzaron las barreras de clase y de partidos políticos para encontrarase en espacios y tareas solidarias. Fueron las mujeres las primeras que vislumbraron que la unidad no era cuestión de táctica política, sino algo profundamente importante, que pasaba por volver a confiar y por atreverse a creer de nuevo, a pesar de tanto horror y tanta muerte. Por supuesto que no estamos hablando de todas las mujeres, ni está claro siquiera que se tratara de "la mayoría," pero sí de enormes cantidades de participantes que hicieron del movimiento de mujeres un actor visible en Latinoamérica durante el período dictatorial, conviertiéndolo en un "sujeto protagónico" de los cambios, comparable en importancia y significación a lo que fue el movimiento estudiantil de los sesenta.

A pesar de que recién se están realizando investigaciones sociológicas que avalen con cifras este proceso, -todas las cuales han servido para apoyar nuestra tesis- es indudable que la escritura de mujeres se empobrece si no tomamos en cuenta la riqueza de la coyuntura histórica que vive el movimiento de mujeres y los cambios experimentados por las mujeres durante la década.

Tomamos prestada la noción de "nudo" de Julieta Kirkwood para hacerla operar en el texto literario, después de lo cual creemos que no sólo se adecúa perfectamente a una metodología de la deconstrucción, sino que además, nos permitió instalarnos en el medio del debate vivido por la mujer latinoamericana durante los ochenta. Dicho debate cruza de una u otra manera nuestro trabajo y esperamos haber sido capaces de mostrarlo de una manera compleja.

En el relato de Helphick, cuando dos mujeres hacen el amor en un hotelucho barato del centro de Santiago, oyen las canciones que el Movimiento Sebastian Acevedo - grupo por la no-violencia activa - entona a voz en cuello en la calle, la policía que llega, los golpes, los gases, la confusión. Los cuerpos de las dos mujeres amándose y los cantos de resistencia no-violenta son en el espacio escritural la señal de que el futuro es posible, porque es posible la vida, la alegría, el amor y sobre todo, porque es posible imaginarse otras formas de vivir. Los manifestantes que cantan canciones frente a los centros de detención de la policía secreta, portan un tremendo lienzo que dice "Aquí se tortura" y muestran una postura ética. Las mujeres amándose son también un desafío al sistema autoritario y patriarcal, cuya expresión más descarnada es la dictadura. El texto de la mujer recoge ambos espacios, el público y el privado, y los anuda en una problemática que la compromete como mujer.

De una u otra manera, todos los textos con los que trabajamos engarzan profundamente los temas de género con la problemática social. Su textura va más allá de la metáfora y se atreve a imaginarse una América Latina libre de todo tipo de represiones y en la cual todas las diferencias sean no sólo respetadas, sino que celebradas. La propuesta de la mujer teje un texto multicultural para nuestros pueblos. . Esta escritura se instala como inscripción de la diferencia en el imaginario latinoamericano y como aporte ético en el discurso democrático del continente.

Nuestro trabajo leyó el reverso de la textualidad de mujeres y pudo comprobar la riqueza de una textura que no está tejida con un solo hilo, sino que anuda diversos materiales, diferentes colores e infinidad de matices, para producir un texto que le habla a Latinoamérica y al mundo. Pensamos que en los años ochenta, el texto de la mujer inaugura un sujeto mujer que ha superado en silencio y se escribe a sí misma. Escribirse a sí misma es para la latinoamericana escribir también su circunstancia. La mujer que aparece en esta escritura es un sujeto que ha empezado a hablar y no se conforma con hablar el texto que pueda ser aceptable. Esta escritura anuda la diferencia mujer con la diferencia tercermundo y produce un sujeto que habla desde el ser mujer latinoamericana.

Bibliografía selecta

Alazraki, Jaime. *En busca del unicornio: los cuentos de Julio Cortázar.* Madrid: Gredos, 1983.

Alexander, M. Jacqui. "Redrafting Morality: The Postcolonial State and the Sexual Offences Bill of Trinidad and Tobago." *Third World Women and the Politics of Feminism.* eds. Talpade Mohanty, Ann Russo, Lourdes Torres. Bloomington: Indiana UP, 1991. 133-152.

Allende, Isabel. *Eva Luna.* Barcelona: Plaza & Janés, 1987.

_____ *La casa de los espíritus.* Barcelona: Plaza & Janés, 1983.

Anzaldúa, Gloria ed. Making Face, *Making Soul: Haciendo Caras. Creative and Critical Perspectives by Women of Color.* San Francisco : Aunt Lute Foundation, 1990.

Aráujo, Ana María. *La maldición de Ulyses.* Santiago: Sudamericana, 1992.

Arrate, Marina. *Máscara negra.* Concepción, Chile: Ediciones LAR, 1990.

Barthes, Roland. *Le plaisir du texte.* Paris: Editions Du Seuil, 1973.

_____. *Fragments d'un discours amoureux.* Paris: Editions Du Seuil, 1977.

_____. *Critique et vérité.* Paris: Editions Du Seuil, 1966.

Barros, Pía. *Miedos transitorios: de a uno, de a dos, de a todos.* Santiago: Ergo Sum, 1986.

_____ *A Horcajadas.* Santiago: Mosquito, 1990.

_____ *El tono menor del deseo.* Santiago: Cuarto Propio, 1991.

_____ *Signos bajo la piel*. Santiago: Grijalbo, 1994.

Barroso, Carmen, and Cristina Bruschini. "Building Politics from Personal Lives: Discussions on Sexuality among Poor Women in Brazil." *Third World Women and the Politics of Feminism, eds.* Talpade Mohanty, Ann Russo, and Lourdes Torres. Bloomington: Indiana UP, 1991. 153-172.

Bartra, Roger. *La jaula de la melancolía. Identidad y metamorfosis del mexicano.* Ciudad de México: Grijalbo, 1987.

Berenguer, Carmen, et al. , eds. *Escribir en los Bordes.* Santiago, Editorial Cuarto Propio, 1990.

Brunner, José Joaquín. "Notas sobre la modernidad y lo postmoderno en la cultura latinoamericana." *David y Goliat 17,* 52 (1987): 33-44.

_____. *Un espejo trizado. Ensayos sobre cultura y políticas culturales,* (Santiago: FLACSO, 1988)

Bunster-Burotto, Ximena "Surviving Beyond Fear: Women and Torture in Latin America." *Women and change in Latin America.* Massachusetts: Bergin & Garvey, 1986. 297-325.

Castellanos, Rosario. *Mujer que sabe latín.* México: Secretaría de Educación Pública, 1976.

_____ *Album de familia.* México: Joaquín Mortíz, 1990.

Castro-Klarén, et al., eds. *Women's Writing in Latin America.* Boulder: Westview P, 1991.

_____.*Escritura, transgresión y sujeto en la literatura latinoamericana.* México: Premiá, 1989.

Chaney, Elsa M., and Mary García Castro eds. *Muchachas No More. Household Workers in Latin America and the Caribbean.* Philadelphia: Temple UP, 1989.

Cixous, Héléne. *Reading with Clarice Lispector.* ed. and trans. Verena Andermatt Conley. Minneapolis: U of Minnesota P, 1990.

161

Cixous, Helene, and Catherine Clément. *The Newly Born Woman.* Trans. Betsy Wing, Foreword Sandra Gilbert, Minneapolis: U of Minnesota P, 1986.

Cornell, Drucilla. *The Philosophy of the Limit.* New York: Routledge, 1992.

Cortázar, Julio. *Deshoras.* México: Siglo XXI, 1987.

Cruz, Mitchell et al., eds. "Entrevista a Isabel Allende." *Mester* Vol. XX n.2 (1991):127-144.

De la Torre, Adela, and Beatriz Pesquera. *Building With Our Own Hands, New Directions in Chicana Studies.* U of California P, 1993.

De Peretti, Cristina. *Jacques Derrida. Texto y deconstrucción.* Barcelona: Anthropos, 1989.

Derrida, Jacques. *Théorie d'Ensemble.* Paris: Seuil,1968.

_____ *Margins of Philosophy.* Trans. Alan Bass Chicago: U of Chicago P, 1982.

_____ *Writing and Difference.* Trans., Introduction and Notes Alan Bass. Chicago: U of Chicago P, 1987.

_____ "Feminismo y desconstrución." *Revista de Crítica Cultural 3.* (1991): 24-28.

_____. *Specters of Marx. The State of the Debt, the Work of Mourning, & the New International* , trans. Peggy Kamuf, New York: Routledge, 1994.

Dinsmore, Christine. *From Surviving to Thriving: Incest, Feminism, and Recover.* Albany: State U of New York P, 1991.

Eltit, Diamela. *Lumpérica.* Santiago: Planeta, 1983.

_____. *Por la Patria.* Santiago: Ediciones del Ornitorrinco, 1986.

_____. *El Cuarto Mundo.* Santiago: Planeta, 1989.

____. *El padre mío*. Santiago: Francisco Zegers,1989.

____. *Vaca sagrada*. Buenos Aires: Planeta, 1991.

Eltit, Diamela y Sonia Montecinos. "Arte y Cultura," *Tramas Para Un Nuevo destino: propuestas de la Concertación de Mujeres por la democracia*. eds. Sonia Montecinos y Josefina Rossetti. Santiago: Documentas, 1990. 95- 113.

Enloe, Cyinthia. *The Morning After. Sexual Politics at the End of the Cold War*. Berkeley: U of California P, 1992.

Ferré, Rosario. *Sitio a Eros*. México: Joaquín Mortíz, 1976.

____. *Maldito Amor*. Buenos Aires: Sudamericana/Literal Books, 1990.

____. *Papeles de Pandora*. México: Editorial Joaquín Mortiz, 1976.

Escobar, Arturo y Alvarez, Sonia, eds. *The Making of Social Movements in Latin America: Identity, Strategy, and Democracy*. Boulder: Westview P, 1992.

Foster, David William. *Gay and Lesbian Themes in Latin American Writing*. Austin: U of Texas P, 1991.

Foucault, Michel. *Power/Knowledge. Selected Interviews and Other Writings. 1972-1977*. ed. Colin Gordon, trans. Colin Gordon, Leo Marshall, John Mepham, and Kate Sofer. New York: Pantheon Books, 1980.

____. *The Archaeology of Knowledge*. Trans. Sheridan Smith. New York: Pantheon Books, 1972.

____. *The History of Sexuality* Vol I. Trans. Robert Hurley. New York: Vintage Books, 1980.

Foxley, Alejandro, *Latin American Experiments in Neo- Conservartive Economics*. Berkeley: U of California P. 1983

163

Franco, Jean. *La cultura moderna en América Latina.* México: Grijalbo, 1985.

___. *Plotting Women: Gender and Representation in Mexico.* New York: Columbia UP, 1989.

___. "Remapping Culture." *Americas: New Interpretative Essays,* ed. Alfred Stepan. New York: Oxford UP, 1992. 172-188.

Freud, Sigmund. *Tres ensayos sobre teoría sexual,* Trad. Luis López Ballesteros y de Torres. Madrid: Alianza Editorial, 1975.

___. *La interpretación de los sueños,* Trad. Luis López Ballesteros y de Torres. Madrid: Alianza Editorial, 1966.

Fugellie, Astrid. *Los círculos.* Santiago: Ergo Sum, 1988.

Gallop, Jane. "The Father's Seduction" *Feminisms: an Anthology of Literary Theory and Criticism.* ed. Robyn R. Warhol and Diane Price Herndl New Brunswick. New Jersey: Rutgers UP, 1991. 413-429.

Garretón, Oscar Guillermo. *Propuesta Para un Nuevo Chile* Buenos Aires: La Fragua,1985.

Geldrich-Leffman, Hanna. "Marriage in the Short Stories of Rosario Castellanos," *Chasqui* 21 (1992): 27-38.

Giberti, Eva. *Tiempos de mujer .* Buenos Aires: Sudamericana, 1990.

Guerra-Cunningham, Lucía. "Algunas consideraciones teóricas sobre la novela femenina" *Hispamérica* 281 (1981): 29-39.

---. "El personaje femenino y otras mutilaciones," *Hispamérica* 43 (1986): 3-19.

---. "Entre la sumisión y la irreverencia," *Escribir en los Bordes, Congreso Internacional de Literatura Femenina Latinoamericana,1987.* Santiago: Cuarto Propio, 1990.

---. *Splintering Darkness: Latin American Women Writers in Search of Themselves*, Pittsburgh: Latin American Literary Review P, 1990.

Gilbert, Sandra M. , and Susan Gubar, *The Madwoman in the Attic:The Woman Writter and the Nineteen-Century Literary Imagination.* New Haven: Yale UP, 1979.

Gramsci, Antonio. *The Prison Notebooks: Selection*, Trans. and ed. Quintin Hoare and Geoffrey Nowell Smith. New York: International Publishers, 1971.

Greenblatt, Stephen. *Marvelous Possesions. The Wonder of the New World.* Chicago: U of Chicago P, 1991.

Heker, Liliana. "Los intelectuales ante la instancia del exilio: militancia y creación," *Represión y reconstrucción de una cultura: el caso argentino.* Comp. Saúl Sosnoswski. Buenos Aires: EUDEBA, 1988.

Holz, Karl. "Entrevista a Angeles Mastretta;' El escritor debe contar una historia'" *Revista de Libros El Mercurio* 198 (1993): 4-5

Irigaray, Luce. *This Sex Which Is Not One*, trans. Catherine Porter and Carolyn Burke. Ithaca: Cornell UP, 1985.

Invernizzi Santa Cruz, Lucía. "Entre el tapíz de la expulsión del paraíso y el tapíz de la creación: múltiples sentidos del viaje a bordo de "La nave de los locos" de Cristina Peri Rossi," *Revista Chilena de Literatura* 30 (1987): 29-53.

Jameson, Fredric. "El Postmodernismo o la lógica cultural del capitalismo tardío", *Casa de las Américas* 155-156 (1986): 70-89
---. "Forewords." Jean Francois Lyotard, *The Postmodern Condition: A Report on Knowledge*, trad. por Geoff Bennington and Brian Massuri. Minneapolis: U of Minnesota P, 1984.

Jaquette, Jane. *The Women's Movements in Latin America. Feminism and the Transition to Democracy.* Boulder: Westview P, 1991.

Jardine, Alice. *Gynesis, Configurations of Woman and Modernity.* Ithaca: Cornell UP, 1985.

Johnson, Barbara. *The Critical Difference.* Baltimore: Johns Hopkins UP, 1980.

---. *A World of Difference.* Baltimore: Johns Hopkins UP, 1987.

Kaminsky, Amy K. *Reading the Body Politic, Feminist Criticism and Latin American Women Writers.* Minneapolis: U of Minnesota P, 1993.

Kintz, Linda. *The Subject's Tragedy. Political Poetics, Feminist Theory, and Drama.* Ann Arbor: U of Michigan P, 1992.

Kirkwood, Julieta. *Ser Política en Chile: Las Feministas y Los Partidos .* Santiago: Flacso, 1986.

---. *Feminarios,* comp. Sonia Montecino. Santiago: Documentas, 1987.

---. *Tejiendo Rebeldías,* ed. Patricia Crispi. Santiago: CEM-La Morada, 1987.

Kristeva, Julia. *Powers of Horror. An Essay on Abjection,* trad.Leon S. Roudiez New York: Columbia UP, 1982.

---. *Desire in Language. A Semiotic Approach to Literature and Art.* Ed. Leon S. Roudiez , trad. Thomas Gora, Alice Jardine, and Leon S, Roudiez. New York: Columbia UP, 1980.

Larraín, Ana María. "Entrevista a Cristina Peri Rossi." *Revista de libros El Mercurio* 211 (1993): 1-4

Lispector, Clarice. *The Hour of The Star* Trad. Giovanni Pontiero San Francisco: New Directions, 1992.

---. *Speculum de l'autre femme.* París: Editions de Minuit, 1974.

Lacan, Jacques. "God and the Jouissance of the Woman." *Feminine Sexuality: Jacques Lacan and the Ecole Freudienne.* eds. Juliet Mitchell and Jacqueline Rose. New York: Pantheon, 1982.

Lagos-Pope, María Inés. "Sumisión y rebeldía: el doble o la representación de la alienación femenina en narraciones de Marta Brunet y Rosario Ferré." *Revista Iberoamericana* 51 (1985): 37-47.

Levi-Strauss, Claude. *The Elementary Structures of Kinship,* Rev. ed. James Bell, John von Sturmer. Trans. Rodney Needham. Boston: Beacon P, 1969.

Ludmer, Josefina. "Tretas del débil," *La sartén por el mango. Encuentro de escritoras latinoamericanas*, Patricia González y Eliana Ortega eds. Río Piedras, Puerto Rico: Ediciones El huracán, 1985: 47-55

Lyotard, Jean-François. "Some of the Things at Stake in the Women's Struggles," Trad. Deborah J. Clarke, Winifred Woodhull, and John Mowitt. *Sub-Stance* 20 (1978): 9-17.

---. *The Postmodern Condition: A Report on Knowledge.* Trans. Geoff Bennington and Brian Massuri. Minneapolis: U of Minnesota P, 1984.

Marks, Camilo. "Mexicana, liviana, de gusto fácil," *Literatura y Libros, La Epoca* - Santiago. (13 de Junio de 1993): 1-4.

Mastretta, Angeles. *Arráncame la vida.* Buenos Aires: Ediciones Alfaguara, 1986/1992.

---. *Mujeres de ojos grandes.* México: Cal y Arena, 1992.

Mattelart, Michéle. *La cultura de la opresión femenina.* México: Serie Popular Era, 1977.

Mc Intyre, Kevin. "Role of Mothers in Father-Daughter Incest: A Feminist Analysis." *Social Work* 26 (1981): 462-466.

Meyer, Doris, ed.. *Lives on the Line. The Testimony of Contemporary Latin American Authors.* Berkeley: U of California P, 1988.

Miller, Francesca. *Latin American Women and the Search for Social Justice.* Hanover: UP of New England, 1991.

---. *Women, Culture, and Politics in Latin America*. Berkeley: U of California P, 1990.

Miller, Nancy K., ed. *The Poetics of Gender* New York: Columbia UP, 1986.

Mistral, Gabriela. *Poema de Chile* . Santiago: Pomaire, 1967.

---. *Tala* . Buenos Aires: Sur, 1938.

Mogrovejo Aquise, María Norma. "La violación en el Perú. Realidad y tratamiento jurídico," *Y hasta cuándo esperaremos mandan-dirun-dirun-dán: mujer y poder en América Latina*. Caracas: Nueva Sociedad, 1989. 241-252.

Monsalve, Héctor. "Delito de adulterio." *APSI* 450 (1993): 37-39

---. "El quiebre de los límites," *APSI* 448 (1993): 25-27.

Montecino, Sonia. *Madres y Huachos: Alegorías del mestizaje chileno*. Santiago: Cuarto Propio/Cedem, 1991.

Molloy, Sylvia. *En breve cárcel*. Barcelona: Seix Barral, 1981.

Mora, Gabriela. "Crítica feminista: Apuntes sobre definiciones y problemas." *Teory and Practice of Feminist Literary Criticism*. Ed. Grabriela Mora et al. Michigan: Bilingüal P, 1982.

Morello-Frosch, Martha. "El personaje y su doble en las ficciones de Cortázar" *Revista Iberoamericana* 34 (1968): 323-30.

Muñoz Dálbora, Adriana. Fuerza feminista y democracia: utopía a realizar. Santiago: Vector/Documentas, 1987.

Nash, June, et. al., *Women and Change in Latin American*. Massachusetts: Bergin & Garvey, 1986.

Ortega, Eliana. "Desde la entraña del monstruo: voces hispanas en EE.UU.," *La sartén por el mango. Encuentro de escritoras latinoamericanas,* Patricia González y Eliana Ortega eds. Río Piedras, Puerto Rico: Ediciones El huracán, 1985:163-171

Oyarzún, Kemy. "Género y etnia : acerca del dialogismo en América Latina," *Revista Chilena de Literatura* 41 (1993): 33-45.

Pacheco, Cristina. *Sopita de letras.* México: Cal y Arena, 1990.

Paz, Octavio. *El laberinto de la soledad.* México: Fondo de Cultura Económica, 1959.

---. "El Romanticismo y la poesía contemporánea." *Vuelta* 11/127 (1987): 38-49.

Peri Rossi, Cristina. *Indicios pánicos.* Montevideo: Nuestra América,1970.

---.*La tarde del dinosaurio.* Barcelona: Bruguera, 1981

---. *Solitario de Amor.* Madrid: Grijalbo,1988.

Picon Garfield, Evelyn. *Women's Voices from Latin América.* Detroit: Wayne State U, 1985.

Poblete, Olga. "ONU. Convensión." *Signos* 3 (1984): 51-53.

Poniatowska, Elena. *La noche de Tlatelolco.* México: Era, 1988.

Pratt, Mary Louise. "Women, Literature and National Brotherhood." Bergmann, C. et al. , *Women Culture and Politics in Latin America.* Berkeley: U of California P, 1990. 48-73.

Radcliffe, Sarah A., and Sallie Westwood Sallie eds. *'Viva'. Women and popular protest in Latin America.* London: Routledge, 1992.

Rama, Angel. *Transculturación narrativa en América Latina.* México: Siglo Veintiuno, 1987.

Ramos, Juanita. *Compañeras: Latino Lesbians. An Anthology.* Nueva York: Latino Lesbian History Project, 1987.

Richard, Nelly. *La estratificación de los márgenes: sobre arte, cultura y políticas.* Santiago: Francisco Zegers Editor, 1989.

169

---. "Latinoamérica y la Post- Modernidad." *Revista de Crítica Cultural* Nº3 Santiago de Chile, 1991: 15-19.

Rosaldo, Renato. Culture & Truth. *The Remaking of Social Analysis.* Boston: Beacon P, 1993.

Ross, Andrew, ed. *Universal Abandon? The Politics of Postmodernism.* Minneapolis: U of Minnesota, 1989.

Said, Edward W. Orientalism. New York: Pantheon Books, 1978.

Sánches Vázquez, Adolfo. "Posmodernidad, posmodernismo y socialismo." *Casa de las Américas* 175 (1989): 27-34.

Showalter, Elaine, ed. The New Feminist Criticism. New York: Pantheon Books, 1985.

Stimpson, Catherine. "Zero Degree Deviancy: The Lesbian Novel in English." Critical Inquiry 8: 2 (1981): 371-384.

Silva, María.de la Luz. *La participación política de la mujer en Chile: las organizaciones de mujeres.* Buenos Aires: Fundación Friedrich Naumann, 1987.

Smith, Barbara. "The Truth That Never Hurts: Black Lesbian in Fiction in the 1980s." Third World Women and the Politics of Feminism. eds. Talpade Mohanty, Ann Russo, Lourdes Torres. Bloomington: Indiana UP, 1991.

Smith, Sidonie. *A Poetics of Women's Autobiography: Marginality and the Fictions of Self-Representation.* Bloomington: Indiana UP,1987.

Spivak, Gayatri. *In Other Worlds.* New York: Methuen, 1987.

---. *The Post-Colonial Critic. Interviews, Strategies, Dialogues.* ed. Sarah Harasym. New York: Routledge, 1990.

Staudt, Kathleen. Women, *International Development, and Politics. The Bureaucratic Mire.* Philadelphia: Temple UP, 1990.

Taylor, Charles. *Multiculturalism and The Politics of Recognition.* Princeton: Princeton UP, 1992.

Todorov, Tzvetan. *La conquista de América. La cuestión del otro.* trans. Sonia Botton Burla. México: Siglo XXI,1987.

Trevizán, Liliana ,"Pía Barros: escritura/política/sexualidad," en Marjorie Agosín and Patricia Rubio eds., *Escritoras chilenas: Narrativa,* Santiago: Editorial Cuarto Propio, 1997.

_____ "Luisa Valenzuela y los riesgos de una escritura democrática," Fall 1996 Vol 12 # 1 *Confluencia.*

_____ "Intersecciones: mujer/ indígena, un espacio (culpable) de diferencia latinoamericana," en *Encuentros con el otro: Textos e intertextos,* Noriega and Engelbert eds. New Jersey: Montclair State U, (1994):39-47.

_____ "Intersecciones: Postmodernismo /Feminismo/ Latinoamérica." *Revista Chilena de literatura* # 42 (1993):127-143.

_____ "María Luisa Bombal y Carmen Martín Gaite: una misma estrategia subversiva," en Juana Arancibia ed., *Mujer y Sociedad en América, VI Simposio Internacional* Vol II,(1991):93-99.

_____ "Carolina Coronado y el canon," *Monographic Review/ Revista Monográfica. Hispanic Women Poets* Vol VI (1990):25-36.

_____ "Deshilando el mito de la maternidad," *Una palabra cómplice, Encuentro con Gabriela Mistral, Cuadernos de la mujer I*SIS # 12 (1989):27-35.

_____ "La articulación estética entre la variable de clase y la variable de género en un cuento de Pía Barros," *Plaza* # 14-15 (1988):51-56.

Twitchell, James B. *Forbidden Partners: The Incest Taboo in Modern Culture.* New York: Columbia UP,1987.

Valdés, Teresa. "Women Under Chile's Military Dictatorship." *Chile: Dictatorship and the Struggle for Democracy,* Grinor Rojo, and

John Hassett Gaithersburg. MD: Ediciones Hispamérica, 1988. 99-109.

---. *Proposiciones Nº 21: Género, mujer y sociedad.* Santiago: Sur/ Centro de Estudios para el Desarrollo de la Mujer, 1993.

Valdés, Teresa, and Enrique Gomáriz. *Mujeres Latinoamericanas en Cifras.* Santiago: Flacso/Sernam, 1993.

Valenzuela, Luisa. Cambio de Armas. Hanover: Ediciones del Norte, 1992.

---. *Novela Negra con Argentinos.* Hanover: Ediciones del Norte, 1990.

---. "The Five Days That Changed My Paper." *Profession* 91. (1992): 6-9.

Vargas, Gina, and Estela Suárez eds. "Desafíos y Propuestas Feministas en el 90." *Mujeres en Acción* 22-23. (1990): 17-24.

West, Guida, and Rhoda Lois Blumberg, eds. *Women and Social Protest.* New York, Oxford UP, 1990.

Willis, Susan. "Histories, Communities, and Sometimes Utopia," *Feminisms: An Anthology of Literary Theory and Criticism.* ed. Robyn R. Warhol and Diane Price Herndl. New Jersey: Rutgers UP, 1991.

Yarbro-Bejarano, Yvonne. "Chicana Literature from a Chicana Feminist Perspective." *The Americas Review* 15 (1987): 3-4.

Yúdice, George. "Marginality and the Ethics of Survival." Universal Abandon? *The Politics of Postmodernism.* Andrew Ross, ed. Minneapolis: U of Minnesota, 1989.

---."¿Puede Hablarse de Postmodernidad en América Latina?." *Revista de Crítica Literaria Latinoamericana* 29 (1989): 105-128.

INDICE